Dr. Oetker

# REST-LOS GLÜCKLICH

Leckere neue Gerichte aus Resten

Dr. Oetker

# REST-LOS GLÜCKLICH

Leckere neue Gerichte aus Resten

# Rest-los glücklich

## Leckere neue Gerichte aus Resten

IST ES IHNEN AUCH SCHON EINMAL SO ERGANGEN: Sie haben gekocht und das wieder einmal sehr üppig. Es sind noch reichlich Reste da. Was jetzt? Für eine komplette Mahlzeit reicht das Übriggebliebene nicht aus und Ihre Familie macht „lange Gesichter", wenn sie das gleiche Gericht noch einmal aufgetischt bekommt.

**Kartoffelpüree**

**Herzoginkartoffeln**

WARUM ALSO NICHT AUS DER NOT EINE TUGEND MACHEN? Sie peppen den Rest einfach mit Gemüse, Fleisch oder Käse auf. Es entstehen plötzlich ganz neue Gerichte, die völlig anders schmecken, weil dem Gericht durch Kräuter und Gewürze eine ganz andere Note verliehen wird. Wer denkt schon daran, daß aus dem Kartoffelpüree von heute, morgen Herzoginkartoffeln werden.

NATÜRLICH MÜSSEN AUCH GENUG RESTE ÜBRIGBLEIBEN. Damit Ihnen die Verwandlung dieser Reste auch gelingt, haben wir entsprechende Hauptrezepte entwickelt, die für 6–8 Portionen ausgerichtet sind. Es sollten von diesem Hauptrezept 2–4 Portionen übrigbleiben. Dieser Rest wird dann als Basis für die Weiterverarbeitung eingesetzt und so verwandelt, daß Sie ein oder zwei Variationen daraus herstellen können. Wenn Sie so kochen, sparen Sie Zeit und sind für Ihre Familie die beste Mami der Welt.

**Variation 1:**
**Pikante Hamburger**

**Hauptrezept:**
**Frikadellen**

**Variation 2:**
**Frikadellenauflauf**

UND HIER DIE INHALTSÜBERSICHT:

**1. KAPITEL:**

## Gemüse & Beilagen

**Tomaten, Kartoffeln, Porree, Reis, Wirsing, Paprika, Sellerie**

**2. KAPITEL:**

## Fleisch & Geflügel

**Schwein, Rind, Lamm, Huhn, Pute, Kaninchen**

# GEMÜSE & BEILAGEN

(6–8 PORTIONEN – ODER 4–6 PORTIONEN BEI ZUBEREITUNG EINER VARIATION)

# Kräuter-Speck-Bohnen

1,5 kg grüne Bohnen
Salzwasser
200 g durchwachsener Speck
1–2 Zwiebeln
1 EL Butter
Salz
frisch gemahlener Pfeffer
2 EL gehackter Dill
2–3 EL gehackte Petersilie
1–2 EL gehackter Estragon

Die Bohnen putzen, abfädeln, waschen, in Stücke brechen, in Salzwasser in etwa 15 Minuten gar kochen und auf einem Sieb abtropfen lassen. Den Speck in Würfel schneiden. Die Zwiebeln abziehen, würfeln und mit den Speckwürfeln in der Butter hellbraun braten.

Die Bohnen zu der Speck-Zwiebel-Masse geben, mit Salz und Pfeffer würzen. Die gehackten Kräuter zugeben und alles vorsichtig vermengen.

Für die Zubereitung der Bohnenpfanne oder des „Bohnen-Tomaten-Gratins" ein Drittel des Gerichtes zurückbehalten.

## REST-LOS GLÜCKLICH 1 (4 PORTIONEN)

# Bohnen-Tomaten-Gratin

1 TL Essig-Essenz
2 EL Wasser
1/3 Rezept Kräuter-Speck-Bohnen
250 g kleine Tomaten
frisch gemahlener Pfeffer
2 Zweige Majoran
75 g geriebener Bergkäse

Die Essig-Essenz mit dem Wasser verrühren, über die Kräuter-Speck-Bohnen geben und vermengen. Die Bohnen in eine gefettete Auflaufform geben.

Die Tomaten kurz in kochendes Wasser legen (nicht kochen lassen), kalt abschrecken, enthäuten, vierteln, die Stengelansätze herausschneiden. Die Tomatenviertel zwischen die Bohnen stecken, mit Pfeffer würzen.

Den Majoran abspülen, trockentupfen, die Blättchen von den Stengeln zupfen und mit dem Käse über die Gratinzutaten streuen. Die Form auf dem Rost in den Backofen stellen.

**Ober-/Unterhitze:** etwa 200 °C (vorgeheizt)
**Heißluft:** etwa 180 °C (vorgeheizt)
**Gas:** etwa Stufe 4 (vorgeheizt)
**Backzeit:** etwa 25 Minuten.

**Beigabe:** Petersilienkartoffeln oder Kartoffelbrei und kurzgebratenes Fleisch.

## REST-LOS GLÜCKLICH 2 (4 PORTIONEN – FOTO SIEHE SEITE 6/7)

# Bohnenpfanne

750 g Kartoffeln
3 EL Speiseöl
Salz
frisch gemahlener Pfeffer
1/3 Rezept Kräuter-Speck-Bohnen
8 Eier (Größe M)
4 EL Milch
geriebene Muskatnuß
125 g gewürfelter Kochschinken
2–3 EL gehackte Petersilie

Die Kartoffeln waschen und in so viel Salzwasser zum Kochen bringen, daß sie bedeckt sind, in 25–30 Minuten gar kochen lassen, abgießen, kalt abschrecken, pellen und in Scheiben schneiden.

Das Öl in einer großen Pfanne erhitzen, die Kartoffeln zugeben und darin hellbraun braten, mit Salz und Pfeffer würzen. Die Kräuter-Speck-Bohnen zu den Kartoffeln geben und miterhitzen.

Die Eier mit der Milch, Salz, Pfeffer und Muskatnuß verquirlen, die Schinkenwürfel unterheben, über die Bohnen gießen und zugedeckt stocken lassen. Die Bohnenpfanne mit Petersilie bestreut servieren.

(8 PORTIONEN – ODER 4 PORTIONEN BEI ZUBEREITUNG DER VARIATION)

# Kohlrouladen

1 Kopf (1 ½–2 kg) Wirsing
kochendes Salzwasser

**Für die Füllung:**
2 altbackene Brötchen (Semmeln)
2 mittelgroße Zwiebeln
2 Eier (Größe M)
750 g Rindergehacktes
Salz
frisch gemahlener Pfeffer
etwa 2 TL Senf

4 EL Speiseöl
etwa 500 ml (½ l) heiße Fleischbrühe

**Für die Sauce:**
Wasser
2 EL Weizenmehl
2 EL kaltes Wasser

Von dem Wirsing die Blätter ablösen, die dicken Rippen der Blätter flachschneiden, die Wirsingblätter kurze Zeit in kochendes Salzwasser legen, dann auf ein Sieb zum Abtropfen geben.

Für die Füllung die Brötchen in kaltem Wasser einweichen und gut ausdrücken. Die Zwiebeln abziehen und würfeln. Die Zutaten mit den Eiern und Rindergehacktem vermengen, mit Salz, Pfeffer und Senf würzen.

Für 8 Kohlrouladen je drei Kohlblätter (1 großes und 2 kleine) fächerartig übereinanderlegen, einen Teil der Füllung darauf geben, die Blätter aufrollen. Die Rouladen mit einem Faden umwickeln oder mit Rouladennadeln zusammenhalten.

Das Speiseöl erhitzen, die Rouladen von allen Seiten darin bräunen. Die Hälfte der heißen Fleischbrühe hinzugießen, die Rouladen 35–45 Minuten schmoren lassen, von Zeit zu Zeit wenden und die verdampfte Flüssigkeit durch Fleischbrühe ersetzen.

Wenn die Rouladen gar sind, die Fäden (Rouladennadeln) entfernen, die Rouladen auf einer vorgewärmten Platte anrichten. Für die Sauce den Bratensatz mit Wasser auffüllen, das Weizenmehl mit kaltem Wasser anrühren, die Flüssigkeit damit binden und etwa 5 Minuten kochen lassen. Die Sauce mit Salz und Pfeffer abschmecken.

Für die Zubereitung des „Überbackenen Wirsingauflaufs“ die Hälfte des Gerichtes zurückbehalten.

**Beilage:** Kartoffelpüree oder Salzkartoffeln.

# Überbackener Wirsingauflauf

**Restliche Sauce der Kohlrouladen**
**½ Rezept (4 Stück) gegarte Kohlrouladen**

**Für die Sauce:**
**75 g Salami**
**1 Zwiebel**
**20 g Butter**
**20 g Weizenmehl**
**150 ml Gemüsebrühe**
**150 ml Milch**
**50 g geriebener Käse**
**20 g frisch geriebener Meerrettich**
**Salz**
**frisch gemahlener Pfeffer**
**geriebene Muskatnuß**

**2 Tomaten**
**½ Bund glatte Petersilie**
**bunter Pfeffer**
**evtl. Petersilie**

Die restliche Sauce in eine gefettete Auflaufform geben. Die Kohlrouladen in dicke Scheiben schneiden und schuppenförmig darauf legen.

Für die Sauce die Salami würfeln. Die Zwiebel abziehen und fein würfeln. Die Butter in einem Topf erhitzen, die Zwiebelwürfel darin glasig dünsten, mit Mehl bestäuben, anschwitzen und nach und nach mit Gemüsebrühe und Milch ablöschen, dabei darauf achten, daß keine Klümpchen entstehen.

Den Käse, die Salamiwürfel und den Meerrettich unterrühren, die Sauce mit Salz, Pfeffer und Muskatnuß abschmecken. Die Sauce über die Rouladenscheiben gießen. Die Form auf dem Rost in den Backofen geben.

**Ober-/Unterhitze:** etwa 200 °C (vorgeheizt)
**Heißluft:** etwa 180 °C (nicht vorgeheizt)
**Gas:** etwa Stufe 4 (vorgeheizt)
**Backzeit:** etwa 35 Minuten.

Nach 15–20 Minuten Backzeit die Tomaten waschen, vierteln, entkernen und fein würfeln. Die Petersilie abspülen, trockentupfen und die Blättchen in Streifen schneiden.

Den Auflauf mit den Tomatenwürfeln, Petersilienstreifen und Pfeffer bestreuen, zu Ende backen. Den Auflauf nach Belieben mit Petersilie garniert servieren.

**Beigabe:** Reis, Nudeln oder Petersilienkartoffeln.

(6 PORTIONEN – ODER 4 PORTIONEN
BEI ZUBEREITUNG EINER VARIATION)

# Geschmorter Grünkohl mit Kasseler

**2 kg Grünkohl**
**Salzwasser**
**60 g Schweineschmalz**
**3 Zwiebeln**
**500 ml (1/2 l) Fleischbrühe**
**1 EL mittelscharfer Senf**
**Salz**
**frisch gemahlener Pfeffer**
**1 kg Kasseler (Knochen auslösen lassen)**
**2 EL Haferflocken**

Den Grünkohl putzen, welke Blätter und dicke Blattrippen entfernen und gründlich waschen. Den Grünkohl in kochendes Salzwasser geben, zum Kochen bringen, 2–3 Minuten kochen, dann abtropfen lassen und grob hacken.

Das Schmalz in einem Topf zerlassen. Die Zwiebeln abziehen, würfeln und mit dem Grünkohl hinzufügen und andünsten. Die Brühe und den Senf zugeben, mit Salz und Pfeffer würzen. Den Kasselerknochen zugeben und etwa 20 Minuten kochen lassen.

Das Kasseler unter fließendem kaltem Wasser abspülen, trockentupfen, zu dem Grünkohl legen und 25 Minuten mitgaren. Die Haferflocken unterrühren und noch weitere 15 Minuten garen. Das Fleisch herausnehmen, in Scheiben schneiden und anrichten. Den Grünkohl mit Salz und Pfeffer abschmecken, herausnehmen, in eine Schüssel geben und mit dem Fleisch servieren.

Für die Zubereitung des „Pikanten Grünkohlauflaufs“ oder des „Grünkohl-Kasseler-Pies“ ein Drittel des Gerichtes zurückbehalten.

**Beilage:** Salzkartoffeln.

# Pikanter Grünkohlauflauf

**750 g Kartoffeln**
**Salzwasser**
**1/3 Rezept gegartes Kasseler**
**oder 250 g Rauchenden**
**(Mettwurst)**
**Salz**
**frisch gemahlener Pfeffer**
**1/3 Rezept geschmorter Grünkohl**
**100–150 g geriebener**
**mittelalter Gouda**

Die Kartoffeln waschen, in Wasser zum Kochen bringen und in 20–25 Minuten gar kochen lassen. Die Kartoffeln abgießen, mit kaltem Wasser übergießen, pellen und in Scheiben schneiden. Das Kasseler in größere Würfel oder die Rauchenden in Scheiben schneiden.

Die Hälfte der Kartoffelscheiben und Kasselerwürfel oder Wurstscheiben dachziegelartig in eine gefettete Auflaufform einschichten und nach Belieben mit Salz und Pfeffer würzen. Den Grünkohl in die Form geben, die restlichen Kartoffelscheiben und Kasselerwürfel oder Wurstscheiben darüberschichten, so daß in der Mitte etwas Grünkohl zu sehen bleibt.

Den Kartoffelrand mit dem Käse bestreuen und den Auflauf auf dem Rost in den Backofen stellen.

**Ober-/Unterhitze:** etwa 200 °C (vorgeheizt)
**Heißluft:** etwa 180 °C (vorgeheizt)
**Gas:** etwa Stufe 4 (vorgeheizt)
**Backzeit:** etwa 25 Minuten.

## REST-LOS GLÜCKLICH 2 (4 PORTIONEN – OHNE FOTO)

# Grünkohl-Kasseler-Pie

**1/3 Rezept geschmorter Grünkohl**
**1/3 Rezept gegartes Kasseler**

**Für den Guß:**
**2 Eier (Größe M)**
**1 Eiweiß (Größe M)**
**100 ml Schlagsahne**
**1 Becher (150 g) Crème fraîche**
**1 TL Speisestärke**
**Salz**
**frisch gemahlener Pfeffer**
**geriebene Muskatnuß**

**Für den Quark-Öl-Teig:**
**125 g Weizenmehl**
**2 gestr. TL Backpulver**
**65 g Magerquark**
**2 EL Milch**
**2 EL Sonnenblumenöl**
**1 Eigelb (Größe M)**
**Salz**

**2 EL Schlagsahne**

Den Grünkohl erhitzen. Das Kasseler würfeln und miterhitzen. Die Füllung in eine Tarteform (Ø 29 cm) füllen.

Für den Guß die Eier, Eiweiß, Sahne, Crème fraîche und Speisestärke verrühren, mit Salz, Pfeffer und Muskatnuß würzen. Den Guß über die Grünkohl-Füllung geben.

Für den Quark-Öl-Teig das Mehl mit dem Backpulver mischen und in eine Rührschüssel sieben. Den Quark, Milch, Öl, Eigelb und Salz hinzufügen und die Zutaten mit dem Handrührgerät mit Knethaken auf höchster Stufe in etwa 1 Minute zu einem Teig verkneten. Den Teig auf einer leicht bemehlten Arbeitsfläche zu einer Platte, etwas größer als die Tarteform, ausrollen.

Die Teigdecke über die Füllung legen, den überstehenden Teig mit den Händen andrücken, mit der Sahne bestreichen und mit einer Gabel mehrfach einstechen. Den Pie auf dem Rost in den Backofen stellen.

**Ober-/Unterhitze:** etwa 190 °C (vorgeheizt)
**Heißluft:** etwa 170 °C (vorgeheizt)
**Gas:** etwa Stufe 4 (vorgeheizt)
**Backzeit:** etwa 25 Minuten.

**TIP:**
Einige Motive aus der Teigdecke ausstechen. Die Teigdecke auf den Pie legen. Nach dem Bestreichen mit Sahne die ausgestochenen Motive auflegen, mit Sahne bestreichen.

(8 PORTIONEN – ODER 4 PORTIONEN BEI ZUBEREITUNG EINER VARIATION)

# Gekochtes Sauerkraut

**250 g Zwiebeln**
**75 g Schweineschmalz oder 5 EL Speiseöl**
**1,5 kg Sauerkraut**
**500–750 ml (½–¾ l) Wasser oder Fleischbrühe**
**je 6–8 Wacholderbeeren und Pimentkörner**
**2 Lorbeerblätter, in Stücke zerteilt**
**1 rohe Kartoffel**
**Salz**
**Zucker**

Die Zwiebeln abziehen und würfeln. Das Schweineschmalz oder Speiseöl erhitzen und die Zwiebelwürfel darin hellgelb dünsten.

Das Sauerkraut zerpflücken, hinzufügen und andünsten. Das Wasser oder die Brühe, die Wacholderbeeren, Pimentkörner und Lorbeerblätter hinzugeben und in 30–40 Minuten gar dünsten lassen.

Die Kartoffel schälen, waschen, reiben, zu dem Sauerkraut geben und kurz aufkochen lassen, damit es sämig wird. Das Sauerkraut mit Salz und Zucker abschmecken.

Für die Zubereitung der „Ungarischen Sauerkraut-Suppe“ oder des „Ungarischen Sauerkraut-Auflaufes“ die Hälfte des Gerichtes zurückbehalten.

**TIP:**
Statt des Wassers oder der Brühe halb Weißwein und halb Wasser an das Sauerkraut geben.

## REST-LOS GLÜCKLICH 1 (4 PORTIONEN – OHNE FOTO)

# Ungarische Sauerkrautsuppe

**75 g durchwachsener Speck**
**20 g Butterschmalz**
**2 Zwiebeln**
**2 Knoblauchzehen**
**½ Rezept gekochtes Sauerkraut**
**¾–1 l Fleischbrühe**
**½ TL Kümmel, 1 Lorbeerblatt**
**4 geräucherte Mettwürstchen**
**1 Dose (400 g) Weiße Bohnen**
**70 g Tomatenmark (Dose)**
**1 EL Paprika, Salz, Pfeffer**
**1 Becher (150 g) Crème fraîche**

Den Speck in Würfel schneiden. Das Fett erhitzen und die Speckwürfel darin ausbraten. Die Zwiebeln und Knoblauchzehen abziehen, würfeln, zu dem Speckfett geben und andünsten.

Das Sauerkraut mit der Fleischbrühe, Kümmel, Lorbeerblatt, Mettwürstchen, Bohnen, Tomatenmark, Paprika, Salz und Pfeffer hinzufügen, zum Kochen bringen und etwa 15 Minuten kochen lassen, evtl. nochmals mit Salz und Pfeffer abschmecken.

Vor dem Servieren die Crème fraîche auf die Suppe geben.

# Ungarischer Sauerkrautauflauf

**500 ml (1/2 l) Salzwasser**
**125 g Langkornreis (parboiled)**
**1 mittelgroße Zwiebel**
**20 g Butter**
**375 g Gehacktes (halb Rind-, halb Schweinefleisch)**
**Salz**
**frisch gemahlener Pfeffer**
**2 Rauchenden (200 g)**
**1/2 Rezept gekochtes Sauerkraut**
**1 Becher (150 g) saure Sahne oder Crème fraîche**
**250 ml (1/4 l) Schlagsahne**
**20 g Semmelbrösel**
**25 g Butter in Flöckchen**

Das Salzwasser zum Kochen bringen, den Langkornreis hineingeben, umrühren, zum Kochen bringen und 12–15 Minuten sprudelnd kochen lassen (es muß ständig etwas Dampf aus dem Topf entweichen). Den garen Reis auf ein Sieb geben, mit kaltem Wasser übergießen.

Die Zwiebel abziehen und würfeln. Die Butter in einer Pfanne zerlassen. Das Gehackte mit Salz und Pfeffer würzen und mit den Zwiebelwürfeln in dem Fett unter ständigem Rühren anbraten. Dabei die Fleischklümpchen zerdrücken, dann den Reis unterheben. Die Rauchenden abspülen und in Scheiben schneiden.

Das Sauerkraut, das Fleisch-Reis-Gemisch und die Rauchenden abwechselnd lagenweise in eine gefettete Auflaufform füllen, die oberste Schicht soll aus Sauerkraut bestehen. Die saure Sahne oder Crème fraîche mit der Schlagsahne verrühren, über den Auflauf gießen, mit den Semmelbröseln bestreuen und die Butter in Flöckchen darauf setzen. Die Form auf dem Rost in den Backofen stellen.

**Ober-/Unterhitze:** etwa 200 °C (vorgeheizt)
**Heißluft:** etwa 180 °C (nicht vorgeheizt)
**Gas:** etwa Stufe 4 (vorgeheizt)
**Backzeit:** etwa 40 Minuten.

**Beigabe:** Brötchen und Bier.

# HAUPTREZEPT

(6 PORTIONEN – ODER 4 PORTIONEN BEI ZUBEREITUNG EINER VARIATION)

## Gefüllte Zucchini

**6 Zucchini (etwa 1,2 kg)**
**400 g Rindergehacktes**
**2 Zwiebeln**
**1 Ei (Größe M)**
**3 EL gemischte, gehackte Kräuter**
**2 TL Senf**
**5 EL Tomatenketchup**
**Salz**
**frisch gemahlener Pfeffer**
**Paprika edelsüß**

**Für die Sauce:**
**1 Dose (480 g) stückige Tomaten**
**250 ml (¼ l) Gemüsebrühe**
**2 EL Tomatenmark**
**Salz**
**frisch gemahlener Pfeffer**
**Paprika edelsüß**
**Cayennepfeffer**
**2 TL gerebelter Oregano**
**1 EL heller Saucenbinder**

Die Zucchini waschen, abtrocknen, die Enden und einen flachen Deckel abschneiden. Mit einem Küchenmesser das Fruchtfleisch ½ cm vom Rand entfernt einschneiden und das Innere mit einem Teelöffel aushöhlen. Das Fruchtfleisch hacken und mit dem Gehackten in eine Schüssel geben.

Die Zwiebeln abziehen, würfeln und mit dem Ei, Kräutern, Senf und Ketchup zum Gehackten geben, vermengen und kräftig mit den Gewürzen abschmecken. Die Füllung in die Zucchini geben. Sollte etwas Füllung übrig sein, kann sie unter die Sauce gerührt werden.

Für die Sauce die Zucchinideckel in kleine Würfel schneiden, mit den Tomaten, der Gemüsebrühe, dem Tomatenmark, Salz, Pfeffer, Paprika, Cayennepfeffer, Oregano und Saucenbinder verrühren und in eine große Auflaufform geben. Die gefüllten Zucchini hineinsetzen und die Form auf dem Rost in den Backofen stellen.

**Ober-/Unterhitze:** etwa 180 °C (vorgeheizt)
**Heißluft:** etwa 160 °C (nicht vorgeheizt)
**Gas:** etwa Stufe 3 (vorgeheizt)
**Backzeit:** etwa 60 Minuten.

Für die Zubereitung des „Zucchiniauflaufs“ oder der „Zucchinipizza“ ein Drittel des Gerichtes zurückbehalten.

## REST-LOS GLÜCKLICH 1 (4 PORTIONEN)

# Zucchinipizza

1 Pck. Pizzateig für 1 Backblech oder 2 runde Pizzen
1/3 Rezept Tomatensauce
1/3 Rezept gefüllte Zucchini
1 Dose (285 g) Maiskörner
2 kleine Tomaten
Salz
frisch gemahlener Pfeffer
125 g Mozzarella
50 g geriebener Käse
gerebelter Oregano

Den Pizzateig nach Packungsanleitung zubereiten. Je nach Wunsch den Teig auf einem gefetteten Backblech ausrollen oder den Teig halbieren und auf 2 gefetteten Backblechen 2 runde Pizzen (Ø etwa 28 cm) ausrollen.

Die Tomatensauce darauf streichen. Die gefüllten Zucchini in ½–1 cm dicke Scheiben schneiden und darauf verteilen. Den abgetropften Mais in die Zwischenräume geben.

Die Tomaten waschen, die Stengelansätze herausschneiden, in schmale Spalten schneiden und zwischen die Zutaten stecken, alles mit wenig Salz und Pfeffer bestreuen.

Den Mozzarella abtropfen lassen, in Scheiben schneiden, auf den Zutaten verteilen, den geriebenen Käse und Oregano darüberstreuen. Die Pizza in den Ofen schieben.

**Ober-/Unterhitze:** etwa 200 °C (vorgeheizt)
**Heißluft:** etwa 180 °C (vorgeheizt)
**Gas:** etwa Stufe 4 (vorgeheitzt)
**Backzeit:** etwa 25 Minuten.

**TIP:** Die 2 runden Pizzen können gleichzeitig bei Heißluft gebacken werden.

## REST-LOS GLÜCKLICH 2 (4 PORTIONEN – OHNE FOTO)

# Zucchiniauflauf

2 EL Olivenöl
1 Zwiebel
250 g italienischer Risottoreis
650 ml Gemüse- oder Fleischbrühe
1/3 Rezept gefüllte Zucchini
2 Tomaten
1/3 Rezept Tomatensauce
100 ml Schlagsahne
Salz
frisch gemahlener Pfeffer
Paprika edelsüß
1 TL gerebeltes Basilikum oder italienische Kräutermischung
75 g dünngeschnittener gekochter Schinken oder italienische Mortadella
40 g geriebener Parmesan

Das Öl erhitzen, die Zwiebel abziehen, würfeln und in dem Öl andünsten. Den Reis zugeben, glasig dünsten, nach und nach die Brühe zugeben (die Brühe erst nachgießen, wenn der Reis die Flüssigkeit fast aufgesogen hat). Den Reis etwa 20 Minuten garen, dann in eine Auflaufform geben.

Die gefüllten Zucchini in 2 cm dicke Scheiben schneiden und darauf legen. Die Tomaten waschen, die Stengelansätze herausschneiden, die Tomaten achteln und zwischen die Zucchinischeiben legen.

Die Tomatensauce mit der Sahne verrühren, mit Salz, Pfeffer, Paprika, Basilikum oder italienischen Kräutern würzen und über die Zutaten geben. Den Schinken oder die Mortadella halbieren, zu Röschen zusammenfassen und in Abständen in die Zutaten stecken, den Käse darüberstreuen, die Form auf dem Rost in den Backofen stellen.

**Ober-/Unterhitze:** etwa 200 °C (vorgeheizt)
**Heißluft:** etwa 180 °C (vorgeheizt)
**Gas:** etwa Stufe 4 (vorgeheitzt)
**Backzeit:** etwa 30 Minuten.

HAUPTREZEPT

(6–8 PORTIONEN – ODER 4 PORTIONEN BEI ZUBEREITUNG EINER VARIATION)

# Gebratene Auberginen mit Tomatensauce

1,5 kg kleine Auberginen
Salz

Für die Tomatensauce:
1 Gemüsezwiebel (250 g)
3 Knoblauchzehen
1–2 EL Olivenöl
1 große (480 g) und 1 kleine (240 g) Dose geschälte Tomaten
3 EL Tomatenmark
Salz
frisch gemahlener Pfeffer
2 TL gerebelter Oregano
1 TL Zucker
100–125 ml Olivenöl
Oreganoblättchen
200 g geriebener Pecorino (italienischer Schafskäse)

Die Auberginen waschen, abtrocknen, die Stengelansätze abschneiden, in dicke Scheiben schneiden, mit Salz bestreuen und etwa 30 Minuten ziehen lassen.

Für die Sauce die Zwiebel abziehen und würfeln. Den Knoblauch abziehen und durchpressen. Das Olivenöl erhitzen, die Zwiebelwürfel und den Knoblauch darin andünsten. Die zerdrückten Tomaten mit dem Saft und das Tomatenmark unterrühren, mit Salz, Pfeffer, Oregano und Zucker würzen und in etwa 15 Minuten zu einer dicklichen Sauce einkochen lassen.

Die Auberginenscheiben abspülen, trockentupfen, in etwas von dem Öl in einer beschichteten Pfanne goldgelb braten und auf Küchenpapier abtropfen lassen.

Die Auberginenscheiben auf einer vorgewärmten Platte anrichten, mit Oreganoblättchen garnieren. Die Tomatensauce und den Käse dazureichen.

Für die Zubereitung der „Moussaka“ oder des „Orientalischen Auberginengemüses“ die Hälfte des Gerichtes zurückbehalten.

**Beilage:** Reis oder Nudeln.

## REST-LOS GLÜCKLICH 1 (4 PORTIONEN)

# Moussaka

**1/2 Rezept Tomatensauce**
**Cayennepfeffer**
**einige Thymianzweige**
**250 g Mozzarella**
**1/2 Rezept gebratene Auberginenscheiben**
**restlicher geriebener Pecorino (etwa 100 g)**

Die Tomatensauce mit dem Cayennepfeffer würzen. Die Thymianzweige abspülen, die Blättchen abzupfen, die Hälfte davon in die Tomatensauce geben.

Den Mozzarella abtropfen lassen, in dünne Scheiben schneiden. In eine flache Auflaufform abwechselnd Auberginenscheiben, Mozzarella, einen entsprechenden Teil Pecorino und Tomatensauce einschichten. Die Form auf dem Rost in den Backofen stellen.

**Ober-/Unterhitze:** etwa 200 °C (vorgeheizt)
**Heißluft:** etwa 180 °C (vorgeheizt)
**Gas:** etwa Stufe 4 (vorgeheizt)
**Backzeit:** etwa 30 Minuten.

Die Moussaka mit den restlichen Thymianblättchen bestreut servieren.

**TIP:** Die Moussaka kann auch kalt serviert werden.

## REST-LOS GLÜCKLICH 2 (4 PORTIONEN – OHNE FOTO)

# Orientalisches Auberginengemüse

**1–2 Knoblauchzehen**
**1 EL Olivenöl**
**1/2–1 TL Kreuzkümmel (Cumin)**
**1 Msp. gemahlener Zimt**
**grober Cayennepfeffer**
**2 TL Balsamicoessig**
**1/2 Rezept Tomatensauce**
**1/2 Rezept gebratene Auberginenscheiben**
**evtl. etwas Wasser**
**Basilikumblättchen**
**Oreganoblättchen**
**restlicher Pecorino**

Den Knoblauch abziehen und würfeln. Das Olivenöl erhitzen und den Knoblauch darin andünsten. Die Gewürze zugeben, kurz andünsten und mit dem Essig ablöschen. Die Tomatensauce hinzugießen.

Die Auberginenscheiben in große Würfel schneiden, zugeben und miterhitzen, evtl. etwas Wasser hinzugeben, nochmals mit den Gewürzen abschmecken und mit den abgespülten und trockengetupften Basilikum- und Oreganoblättchen bestreuen und mit dem restlichen Pecorino servieren.

**TIP:** Das orientalische Auberginengemüse als Vorspeise mit griechischem Fladenbrot oder zu gegrillten Lammkoteletts oder Frikadellen reichen.

(6–8 PORTIONEN – ODER 4–6 PORTIONEN BEI ZUBEREITUNG EINER VARIATION)

# Marinierte Paprikaschoten

**je 4 rote und gelbe Paprikaschoten (oder rot, grün, gelb gemischt)**

**Für die Marinade:**
**3–4 Knoblauchzehen**
**4 EL Zitronensaft**
**5 EL Olivenöl**
**Salz**
**frisch gemahlener Pfeffer**
**1 Bund glatte Petersilie**

**TIP:** Die Marinierten Paprikaschoten als Vorspeise oder Salat servieren.

Die Paprikaschoten waschen, trockentupfen, halbieren, entkernen, die weißen Scheidewände entfernen, waschen, auf ein Backblech legen (die gewölbte Seite nach oben) und so lange unter dem vorgeheizten Grill rösten, bis die Haut braun ist und Blasen wirft.

Die Paprika mit nassem Küchenpapier oder Küchentuch abdecken und kurze Zeit abkühlen lassen. Die Schoten abziehen, in breite Streifen schneiden und nebeneinander in eine flache Schüssel legen.

Für die Marinade die Knoblauchzehen abziehen, durchpressen und mit dem Zitronensaft, Olivenöl, Salz und Pfeffer verrühren. Die Petersilie abspülen, trockentupfen, die Blättchen von den Stengeln zupfen, grob hacken und unterrühren. Die Marinade über die Paprika geben, gut durchziehen lassen.

Für die Zubereitung der „Tortilla mit Paprika und Salami“ ein Viertel oder für die Zubereitung der „Paprikaspaghetti mit Pinienkernen“ die Hälfte des Gerichtes zurückbehalten.

**Beilage:** Nach Belieben Knoblauchjoghurt mit Kapern und warmes Fladenbrot oder Ciabatta dazureichen.

## REST-LOS GLÜCKLICH 1 (4 PORTIONEN)

# Tortilla mit Paprika und Salami

**¼ Rezept marinierte Paprika (etwas abgetropft)**
**100 g Salami**
**2 Tomaten**
**1 Zwiebel**
**2 EL Olivenöl**
**50–100 g gefüllte Oliven**
**½ TL gerebelter Oregano**
**½ TL gerebeltes Basilikum**
**Salz**
**frisch gemahlener Pfeffer**
**½ Bund Petersilie**
**5 Eier (Größe M)**
**1 EL Tomatenmark**
**2 EL Milch**
**Olivenöl zum Ausfetten**

Die marinierten Paprika und die Salami in Streifen schneiden. Die Tomaten kurze Zeit in kochendes Wasser legen (nicht kochen lassen), in kaltem Wasser abschrecken, enthäuten, die Stengelansätze herausschneiden, die Tomaten in kleine Würfel schneiden. Die Zwiebel abziehen und fein hacken.

Das Öl in einer Pfanne erhitzen und die Zwiebelwürfel darin glasig dünsten. Die Tomatenwürfel, Paprika- und Salamistreifen in die Pfanne geben und mitdünsten lassen. Die gefüllten Oliven halbieren, zu dem Gemüse geben, mit Oregano und Basilikum würzen, mit Salz und Pfeffer abschmecken. Das Gemüse von der Kochstelle nehmen und bereitstellen.

Die Petersilie abspülen, trockentupfen, die Blättchen von den Stengeln zupfen und fein hacken. Die Eier mit dem Tomatenmark, der Milch und der gehackten Petersilie verschlagen, salzen und pfeffern. Eine feuerfeste Form mit Olivenöl ausfetten und die Eimasse hineingeben. Das Gemüse gleichmäßig darauf verteilen und auf dem Rost in den Backofen geben.

**TIP:** Die Tortilla nach Belieben mit Kräutern bestreut servieren.

**Ober-/Unterhitze:** etwa 200 °C (vorgeheizt)
**Heißluft:** etwa 180 °C (vorgeheizt)
**Gas:** etwa Stufe 4 (vorgeheizt)
**Garzeit:** 12–15 Minuten.

**Beilage:** Fladenbrot oder Baguette.

## REST-LOS GLÜCKLICH 2 (4 PORTIONEN – OHNE FOTO)

# Paprikaspaghetti mit Pinienkernen

**400 g Spaghetti**
**Salzwasser**
**1 EL Olivenöl**
**50 g Pinienkerne**
**1 Zwiebel oder 2 Frühlingszwiebeln**
**3 EL Olivenöl**
**1–2 rote Peperoni**
**½ Rezept marinierte Paprika**
**Salz**
**frisch gemahlener Pfeffer**
**3 EL gehackte Basilikumblätter**
**frisch geriebener Parmesan**

Die Spaghetti nach Packungsanleitung in Salzwasser mit 1 Eßlöffel Öl kochen.

Die Pinienkerne in einer Pfanne ohne Fett rösten und beiseite stellen.

Die Zwiebel abziehen, würfeln oder die Frühlingszwiebeln putzen, waschen, in feine Ringe schneiden und in dem Öl (3 EL) glasig dünsten. Die Peperoni waschen, entkernen, in feine Ringe schneiden.

Die Paprikastreifen in Rauten schneiden, mit etwas Marinade und den Peperoniringen zugeben, mit Salz und Pfeffer würzen, bei mittlerer Hitze dünsten lassen.

Die Spaghetti abgießen, kalt abspülen, mit dem Gemüse, den Pinienkernen und Basilikum vermengen, evtl. mit Salz und Pfeffer würzen und sofort servieren. Den Parmesan dazu reichen.

(6 PORTIONEN – ODER 4 PORTIONEN
BEI ZUBEREITUNG EINER VARIATION)

# Gebratene Selleriescheiben mit Tomatensauce

**1,6 kg Knollensellerie**
**Salzwasser**

**Für die Tomatensauce:**
**3 kleine Zwiebeln**
**2–3 Knoblauchzehen**
**1 EL Butter oder Margarine**
**1 Pck. (500 g) passierte Tomaten**
**4 EL Tomatenmark**
**125 ml (1/8 l) Selleriekochwasser**
**Salz**
**frisch gemahlener Pfeffer**
**1 EL Paprika edelsüß**

**4 EL Speiseöl**
**1 Bund Schnittlauch**
**200 g Lachsschinken**

Den Sellerie putzen, evtl. halbieren, in etwa 1–1 ½ cm dicke Scheiben schneiden, schälen und waschen. In kochendem Salzwasser die Selleriescheiben etwa 15 Minuten garen, abgießen und das Kochwasser auffangen.

Für die Tomatensauce die Zwiebeln und Knoblauchzehen abziehen. Die Zwiebeln würfeln und den Knoblauch durchpressen.

Die Butter oder Margarine zerlassen, die Zwiebelwürfel und den Knoblauch darin andünsten. Die passierten Tomaten, das Tomatenmark und Selleriekochwasser zugeben, mit Salz, Pfeffer und Paprika würzen, einige Minuten kochen lassen.

Das Öl in einer beschichteten Pfanne erhitzen, die Selleriescheiben von beiden Seiten darin hellbraun braten. Den Schnittlauch abspülen, trockentupfen, in kleine Röllchen schneiden und über die Selleriescheiben streuen. Die Selleriescheiben mit dem Lachsschinken und der Tomatensauce servieren.

Für die Zubereitung des „Walliser Gratins“ oder der „Überbackenen Selleriescheiben“ ein Drittel des Gerichtes zurückbehalten.

## REST-LOS GLÜCKLICH 1 (4 PORTIONEN)

# Walliser Gratin

1/3 Rezept gebratene Selleriescheiben
1/3 Rezept Tomatensauce
2 mittelgroße rote Zwiebeln
300 g Wirsing
3–4 Stengel Staudensellerie
Salzwasser
100 g Frühstücksspeck, in dünnen Scheiben
restlicher Lachsschinken
Salz, Pfeffer
geriebene Muskatnuß
gemahlene Muskatblüte
1 Becher (200 ml) Schlagsahne
4 EL geriebener Gruyère-Käse

Die Selleriescheiben vierteln. Die Tomatensauce in eine Auflaufform geben. Die Zwiebeln abziehen und in Ringe schneiden.

Von dem Wirsing die schlechten äußeren Blätter entfernen, den Wirsing halbieren, den Strunk herausschneiden, den Wirsing waschen, abtropfen lassen und in feine Streifen schneiden. Den Staudensellerie putzen, harte Fäden an der Außenseite der Stengel abziehen, die Stengel waschen, abtropfen lassen und in kleine Stücke schneiden.

Die Zwiebelringe, Wirsingstreifen und Staudenselleriestücke in kochendes Salzwasser geben, zum Kochen bringen, etwa 8 Minuten kochen lassen, auf ein Sieb geben, mit kaltem Wasser übergießen und gut abtropfen lassen.

Den Frühstücksspeck, Lachsschinken, das blanchierte Gemüse und die Selleriescheiben abwechselnd lagenweise in die Auflaufform füllen. Die unterste und die oberste Schicht sollten aus Selleriescheiben bestehen. Jede Schicht mit Salz, Pfeffer, Muskatnuß und Muskatblüte bestreuen, mit einem Teil der Sahne übergießen und mit etwas von dem geriebenem Käse bestreuen.

Die restliche Sahne auf der obersten Schicht verteilen, mit dem restlichen Käse bestreuen und die Auflaufform auf dem Rost in den Backofen geben.

**Ober-/Unterhitze:** etwa 220 °C (vorgeheizt)
**Heißluft:** etwa 200 °C (nicht vorgeheizt)
**Gas:** etwa Stufe 5 (vorgeheizt)
**Backzeit:** etwa 45 Minuten.

## REST-LOS GLÜCKLICH 2 (4 PORTIONEN – OHNE FOTO)

# Überbackene Selleriescheiben

2 mürbe Äpfel
1/3 Rezept gebratene Selleriescheiben
1/3 Rezept Tomatensauce
125 ml (1/8 l) Gemüsebrühe oder Selleriekochwasser
1/3 des Lachsschinkens
150 g Kräuterfrischkäse
2–3 EL Milch
1 EL Majoranblättchen oder gehackte Petersilie

Die Äpfel schälen, das Kerngehäuse mit einem Ausstecher ausstechen, die Äpfel in knapp 1 cm dicke Scheiben schneiden. Die Sellerie- und Apfelscheiben schuppenförmig in eine Auflaufform legen.

Die Tomatensauce mit der Flüssigkeit verrühren und über die Zutaten gießen. Den Lachsschinken in Streifen schneiden und darüberstreuen.

Den Kräuterfrischkäse verrühren, evtl. mit etwas Milch geschmeidig rühren und in Häufchen auf die Zutaten setzen. Die Form auf dem Rost in den Backofen stellen.

**Ober-/Unterhitze:** 200 °C (vorgeheizt), **Heißluft:** etwa 180 °C (vorgeheizt), **Gas:** etwa Stufe 4 (vorgeheizt), **Backzeit:** etwa 30 Minuten.

Den Auflauf mit Majoranblättchen oder gehackter Petersilie bestreut servieren.

**Beilage:** Kartoffelpüree.

HAUPTREZEPT

(6 PORTIONEN – ODER 4 PORTIONEN BEI ZUBEREITUNG EINER VARIATION)

# Rote-Bete-Gemüse

**1,3–1,4 kg Rote Bete**
**Salzwasser**
**2 Zwiebeln**
**40 g Butter**
**Salz**
**frisch gemahlener Pfeffer**
**1 TL gemahlener Koriander**
**3 EL Zitronensaft**
**Zucker**

Die Rote Bete waschen, evtl. bürsten, die Wurzeln bis auf 2 cm abschneiden und in Salzwasser je nach Größe in 40–60 Minuten gar kochen. Die Rote Bete kalt abspülen, die Haut abziehen und würfeln.

Die Zwiebeln abziehen und in Würfel schneiden. Die Butter erhitzen, die Zwiebeln glasig dünsten, die Rote Bete zugeben, mit Salz, Pfeffer, Koriander, Zitronensaft und Zucker würzen. Im geschlossenen Topf bei schwacher Hitze etwa 5 Minuten dünsten lassen und evtl. nochmals abschmecken.

Für die Zubereitung des „Rote-Bete-Flans“ oder der „Rote-Bete-Suppe“ ein Viertel des Gerichtes zurückbehalten.

**Beilage:** Königsberger Klopse, Fischfrikassee oder Schmorbraten.

**TIP:**
Das Gemüse mit Petersilie bestreut servieren.

# Rote-Bete-Flan

¼ Rezept gegartes Rote-Bete-Gemüse
4 EL Gemüsebrühe
100 g Crème fraîche
Salz
frisch gemahlener Pfeffer
zerstoßener Koriander
2 EL Zitronensaft
2 Eier (Größe M)

Für die Sauce:
1 Zwiebel
1 EL Butter
1 gestr. EL Weizenmehl
125 ml (⅛ l) Gemüsebrühe
125 g Schmand oder saure Sahne
2 EL geriebener Meerrettich
1 Prise Salz
2 EL Zitronensaft
1 Prise Zucker
1 Bund Dill
Schale von 1 Zitrone (unbehandelt)

Das Rote-Bete-Gemüse mit der Gemüsebrühe, Crème fraîche, Salz, Gewürzen und Zitronensaft pürieren. Die Eier verquirlen und zugeben. Die Masse in 4 kleine gefettete Auflaufformen geben und im Wasserbad in etwa 1 Stunde stocken lassen, oder die Auflaufformen auf dem Rost in den Backofen stellen.

**Ober-/Unterhitze:** etwa 180 °C (vorgeheizt)
**Hei§luft:** etwa 160 °C (nicht vorgeheizt)
**Gas:** etwa Stufe 3 (vorgeheizt)
**Garzeit:** etwa 40 Minuten.

Für die Sauce die Zwiebel abziehen und in feine Würfel schneiden. Die Butter zerlassen, die Zwiebelwürfel darin andünsten. Das Mehl hinzugeben, leicht anschwitzen und mit der Gemüsebrühe ablöschen. Nochmals aufkochen lassen, den Schmand oder die saure Sahne unterrühren und mit dem Meerrettich, Salz, Zitronensaft und Zucker abschmecken.

Den Dill waschen, trockentupfen und die Blättchen von den Stengeln zupfen. Die Sauce auf Tellern verteilen. Den Rote-Bete-Flan aus den Förmchen lösen, in Scheiben schneiden und auf der Sauce anrichten. Mit dem Dill und der feingeschnittenen Zitronenschale garnieren.

REST-LOS GLÜCKLICH 2 (4 PORTIONEN – OHNE FOTO)

# Rote-Bete-Suppe

¼ Rezept gegartes Rote-Bete-Gemüse
750 ml (¾ l) Gemüsebrühe
gerebelter Estragon oder Majoran
etwa 2 EL Obstessig
Salz, Pfeffer
½ Becher (75 g) Crème fraîche
vorbereitete Majoran- oder Estragonblättchen

Das Rote-Bete-Gemüse in der Brühe mit Majoran oder Estragon zum Kochen bringen, etwa 5 Minuten kochen lassen, dann pürieren.

Die Suppe mit Obstessig, Salz und Pfeffer abschmecken. Die Suppe mit je 1 Teelöffel Crème fraîche anrichten und mit den Majoran- oder Estragonblättchen garnieren.

HAUPTREZEPT

(6 PORTIONEN – ODER 4 PORTIONEN BEI ZUBEREITUNG EINER VARIATION)

# Spinat mit Knoblauchsauce

**2 1/4 kg Blattspinat**
**3 mittelgroße Zwiebeln**
**2–3 Knoblauchzehen**
**75 g Butter**
**Salz**
**frisch gemahlener Pfeffer**
**geriebene Muskatnuß**

**Für die Knoblauchsauce:**
**500 g Joghurt**
**2 EL Olivenöl**
**Salz**
**frisch gemahlener Pfeffer**
**2 Knoblauchzehen**

Den Spinat verlesen, die Stiele entfernen, waschen und gut abtropfen lassen. Die Zwiebeln und den Knoblauch abziehen, die Zwiebeln fein würfeln und den Knoblauch durchpressen.

Die Butter in einem großen Topf zerlassen, die Zwiebelwürfel und den Knoblauch darin andünsten. Den Spinat hinzufügen, in 3–4 Minuten gar dünsten lassen, mit Salz, Pfeffer und Muskatnuß würzen.

Für die Sauce den Joghurt mit Olivenöl verrühren, mit Salz und Pfeffer würzen. Die Knoblauchzehen abziehen, fein würfeln und unterrühren. Den Spinat kranzförmig auf Tellern verteilen, die Sauce in die Mitte geben.

Für die Zubereitung des „Spinatgemüses mit Pinienkernen“ oder des „Spinatauflaufs“ ein Drittel des Gerichtes zurückbehalten.

**Beigabe:** Getoastete Weißbrotscheiben.

## REST-LOS GLÜCKLICH 1 (4 PORTIONEN)

# Spinatgemüse mit Pinienkernen

⅓ Rezept gegarter Spinat
Saft von 1 Zitrone
300 ml Gemüsebrühe
100 g Langkornreis
75–100 g Korinthen
2 Tomaten
1 Prise Cayennepfeffer
1 Prise Zucker
Salz
frisch gemahlener Pfeffer
50 g Pinienkerne
2–3 EL feingeschnittene Zitronenmelisse
restliche Knoblauchsauce

Den Spinat mit dem Zitronensaft vermengen. Die Gemüsebrühe erhitzen, den Reis hineingeben, aufkochen lassen, die Korinthen hinzufügen und 12–15 Minuten kochen lassen. Den Spinat zugeben, vorsichtig umrühren.

Die Tomaten kurze Zeit in kochendes Wasser geben (nicht kochen lassen), in kaltem Wasser abschrecken, enthäuten, die Stengelansätze herausschneiden, halbieren, entkernen, würfeln und zu dem Spinatreis geben.

Das Gericht mit Cayennepfeffer, Zucker, Salz und Pfeffer würzen und etwa 5 Minuten erhitzen. Die Pinienkerne ohne Fett in der Pfanne rösten. Die Zitronenmelisse unter das Spinatgemüse rühren und mit den Pinienkernen bestreut servieren. Die restliche Knoblauchsauce dazu reichen.

**TIP:**
Das Spinatgemüse zu Lammkeule, gegrillten Lammkoteletts oder anderem kurzgebratenen Fleisch reichen.

## REST-LOS GLÜCKLICH 2 (4 PORTIONEN – OHNE FOTO)

# Bäckers Spinatauflauf

3 Brötchen
375 ml (⅜ l) Milch
75 g durchwachsener Speck
1 Zwiebel
⅓ Rezept gegarter Spinat
3 Eigelb (Größe M)
Salz
frisch gemahlener Pfeffer
geriebene Muskatnuß
3 Eiweiß (Größe M)
3 EL geriebener Käse
40 g Butterflöckchen
restliche Knoblauchsauce

Die Brötchen in der Milch einweichen und gut ausdrücken. Den Speck in Würfel schneiden und in einer Pfanne auslassen. Die Zwiebel abziehen, würfeln, in dem Speck andünsten und zu der Brötchenmasse geben.

Den Spinat mit dem Eigelb zu der Speck-Brötchen-Masse geben, gut verrühren, mit Salz, Pfeffer und Muskatnuß würzen. Das Eiweiß steif schlagen und unterheben.

Die Masse in eine gefettete Auflaufform füllen, mit dem Käse bestreuen. Die Butter in Flöckchen darauf setzen. Die Form auf dem Rost in den Backofen stellen.

**Ober-/Unterhitze:** etwa 200 °C (vorgeheizt)
**Heißluft:** etwa 180 °C (nicht vorgeheizt)
**Gas:** etwa Stufe 4 (vorgeheizt)
**Backzeit:** etwa 40 Minuten.

Die restliche Knoblauchsauce dazu reichen.

(4–6 PORTIONEN – ODER 2–3 PORTIONEN BEI ZUBEREITUNG DER VARIATION)

# Blumenkohl auf holländische Art

**1 großer Kopf Blumenkohl (etwa 1,5 kg)**
**Salzwasser**
**geriebene Muskatnuß**
**3 Scheiben gekochter Schinken**
**1 Beutel Holländische Käse- oder Kräutercreme-Suppe für 500 ml (1/2 l) Flüssigkeit**
**375 ml (3/8 l) Milch**

Von dem Blumenkohl die Blätter und die schlechten Stellen entfernen, den Strunk abschneiden, den Blumenkohl in Röschen teilen und waschen. Die Röschen in Salzwasser etwa 10 Minuten kochen, abtropfen lassen (für die Zubereitung des Blumenkohl-Grünkern-Auflaufs evtl. das Kochwasser aufheben). Die Blumenkohlröschen in eine Schüssel geben und mit Muskatnuß würzen.

Den gekochten Schinken in Würfel schneiden und über den Blumenkohl geben. Die Käse- oder Kräutercreme-Suppe mit der Milch (anstatt Wasser) nach Packungsanleitung zubereiten und über den Blumenkohl gießen.

Für die Zubereitung des „Blumenkohl-Grünkern-Auflaufs“ die Hälfte des Gerichtes zurückbehalten.

# Blumenkohl-Grünkern-Auflauf

**120 g Grünkern**
**750 ml (3/4 l) Blumenkohlkochwasser oder Gemüsebrühe**
**1/2 Rezept Blumenkohl auf holländische Art**
**1 Bund Schnittlauch**
**250 g Speisequark**
**4 EL Milch**
**2 Eier (Größe M)**
**frisch gemahlener Pfeffer**
**geriebene Muskatnuß**

Den Grünkern in dem Blumenkohlkochwasser oder der Gemüsebrühe etwa 50–60 Minuten garen. Den Grünkern abtropfen lassen, in eine gefettete Auflaufform geben und den Blumenkohl darauf verteilen.

Den Schnittlauch abspülen, trockentupfen und in Röllchen schneiden. Den Quark mit der Milch, den Eiern, Gewürzen und Schnittlauchröllchen verschlagen und darüber verteilen.
Die Auflaufform auf dem Rost im Backofen stellen.

**Ober-/Unterhitze:** etwa 190 °C (vorgeheizt)
**Heißluft:** etwa 170 °C (nicht vorgeheizt)
**Gas:** etwa Stufe 4 (vorgeheizt)
**Backzeit:** 35–40 Minuten.

**(6–8 PORTIONEN – ODER 3–4 PORTIONEN BEI ZUBEREITUNG EINER VARIATION)**

# Rotes Linsengemüse

**600 g rote Linsen**
**4 EL Olivenöl**
**1 gestr. TL Salz**
**2–3 abgezogene Knoblauchzehen**
**2 Zwiebeln**
**200 g Möhren**
**1 Stange Porree (Lauch)**
**125 g Knollensellerie**
**3 EL Tomatenmark**
**1 ¼ l Gemüse- oder Fleischbrühe**
**2 Lorbeerblätter**
**2–3 Zweige Thymian**
**5–6 EL Rotweinessig**
**Salz**
**frisch gemahlener Pfeffer**
**Cayennepfeffer**
**2 EL Honig**
**1 Bund Schnittlauch**

Die roten Linsen unter fließendem kaltem Wasser abspülen und gut abtropfen lassen.

Das Olivenöl in einem Topf erhitzen und die mit Salz zerriebenen Knoblauchzehen darin andünsten. Die Zwiebeln abziehen, die Möhren, den Porree und Sellerie putzen, waschen, die Zutaten in feine Würfel schneiden, ins Knoblauchöl geben und kurz mitdünsten.

Das Tomatenmark unterrühren und die Gemüse- oder Fleischbrühe zugießen und zum Kochen bringen. Die Linsen mit den Lorbeerblättern und Thymianzweigen in den Sud geben und bei mäßiger Hitze etwa 20 Minuten köcheln lassen.

Die Lorbeerblätter und Thymianzweige herausnehmen und den Essig unter das Linsengemüse ziehen. Mit Salz, Pfeffer, Cayennepfeffer und Honig würzen, 2–3 Minuten bei mäßiger Hitze köcheln lassen. Mit feingeschnittenem Schnittlauch bestreut servieren.

Für die Zubereitung der „Cremesuppe von roten Linsen" oder des „Linsensalates" etwa die Hälfte des Gerichtes zurückbehalten.

## REST-LOS GLÜCKLICH 1 (4 PORTIONEN)

# Cremesuppe von roten Linsen

1 Zwiebel
1 Stengel Staudensellerie
1 rote Paprikaschote
50 g roher Schinken
30 g Butter
1 EL Tomatenmark
Salz
frisch gemahlener Pfeffer
750 ml (3/4 l) Gemüsebrühe
250 ml (1/4 l) Rotwein
1/2 Rezept Linsengemüse
evtl. etwas heißes Wasser
125 g Crème double
2 EL Sauerkirsch-Konfitüre

Die Zwiebel abziehen und würfeln. Den Sellerie putzen, schälen und waschen. Die Paprika halbieren, entstielen, entkernen, die weißen Scheidewände entfernen, die Schote waschen und mit dem Sellerie in feine Würfel schneiden. Den Schinken ebenfalls kleinschneiden.

Die Butter in einer Kasserole erhitzen, das Tomatenmark und die Gemüsewürfel hinzufügen, kurz andünsten, dann salzen und pfeffern.

Die Brühe und den Wein angießen, etwa 5 Minuten kochen lassen, 2 Eßlöffel von dem Gemüse herausnehmen und beiseite stellen. Das Linsengemüse zugeben. Alles bei kleiner Hitze etwa 10 Minuten köcheln lassen.

Die Suppe mit einem Pürierstab grob pürieren, evtl. etwas Wasser zugeben und nochmals mit Salz und Pfeffer abschmecken. Crème double mit der Konfitüre verrühren. Die Suppe auf tiefe Teller verteilen und die rosa Creme und das zurückgestellte Gemüse daraufgeben.

## REST-LOS GLÜCKLICH 2 (4 PORTIONEN – OHNE FOTO)

# Linsensalat

2–3 Zwiebeln
2 Tomaten
je 1 grüne und gelbe Paprikaschote
1/2 Rezept Linsengemüse
3–4 EL Wasser
2 EL Olivenöl
1–2 EL Rotweinessig
1 EL Schnittlauchröllchen
gemahlener Kreuzkümmel
gemahlener Koriander
Salz
frisch gemahlener Pfeffer

Die Zwiebeln abziehen und in Ringe schneiden. Die Tomaten waschen, abtrocknen, halbieren, die Stengelansätze herausschneiden, entkernen und in Streifen schneiden.

Die Paprikaschoten halbieren, entstielen, entkernen, die weißen Scheidewände entfernen, die Schoten waschen und in feine Würfel schneiden.

Das Linsengemüse, Wasser, Öl, Essig, die Schnittlauchröllchen, Zwiebelringe, Tomatenstreifen und Paprikawürfel vermengen, mit Kreuzkümmel, Koriander, Salz und Pfeffer abschmecken, gut durchziehen lassen und nochmals mit den Gewürzen abschmecken.

**Beilage:** Heiße Würstchen.

(4–5 PORTIONEN ALS HAUPTGERICHT – ODER 2–3 PORTIONEN BEI ZUBEREITUNG EINER VARIATION)

# Gemüsenudeln

**1 große Möhre**
**3 dünne, feste Zucchini (500 g)**
**500 g Bandnudeln**
**1 EL Speiseöl**
**Salzwasser**
**1 EL Butter**
**2 EL Olivenöl**
**Salz**
**frisch gemahlener Pfeffer**
**100 g geriebener Käse**

Die Möhre, schälen und waschen. Die Zucchini putzen und waschen. Das Gemüse in feine Streifen schneiden.

Die Bandnudeln mit dem Speiseöl in kochendes Salzwasser geben, nach Packungsanleitung bißfest garen und abgießen. Die Butter und das Olivenöl in einer Pfanne erhitzen und die Gemüsestreifen darin etwa 4 Minuten unter Wenden dünsten und mit Salz und Pfeffer würzen.

Die Nudeln zu dem Gemüse geben, alles gut vermengen und mit dem Käse bestreut servieren.

Für die Zubereitung der „Nudeltortilla“ oder des „Nudelauflaufs“ die Hälfte des Gerichtes zurückbehalten.

**Beigabe:** Tomaten- oder Bologneser Sauce.

## REST-LOS GLÜCKLICH 1 (4 PORTIONEN)

# Nudeltortilla

100 g durchwachsener Speck
2 EL Butterschmalz
3 Frühlingszwiebeln
150–200 g TK-Erbsen
4 Eier (Größe M)
1/2 Rezept Gemüsenudeln
50 g frisch geriebener Käse
Salz
frisch gemahlener schwarzer Pfeffer
1 Prise gemahlene Muskatnuß

Den Speck fein würfeln und in ½ Eßlöffel von dem Butterschmalz anbraten. Die Frühlingszwiebeln putzen, waschen und in feine Ringe schneiden. Den weißen Teil der Frühlingszwiebeln mit dem Speck glasig dünsten. Die Erbsen und die restlichen Frühlingszwiebeln untermischen und etwa 5 Minuten zugedeckt mitdünsten.

Die Eier in einer großen Schüssel verquirlen, die Gemüsenudeln, Erbsen und den Käse dazugeben, mit Salz, Pfeffer und Muskatnuß würzen und mischen. Aus der Masse je nach Größe der Pfanne 1–2 Tortillas zubereiten. Dafür etwas von dem Butterschmalz in einer Pfanne erhitzen, die Mischung hineingeben und bei milder Hitze braten bis die Unterseite eine Kruste hat.

Die Tortilla auf einen Teller gleiten lassen, etwas Butterschmalz in die Pfanne geben und die Tortilla auf der anderen Seite weitere 5 Minuten braten. Die Tortilla in vier Teile schneiden und servieren.

**TIP:**
Nach Belieben eine Tomatensauce oder eine kalte Joghurtsauce und einen gemischten Salat dazu reichen.

## REST-LOS GLÜCKLICH 2 (4 PORTIONEN – OHNE FOTO)

# Nudelauflauf

2 hartgekochte Eier (Größe M)
2–3 Tomaten
1/2 Rezept Gemüsenudeln
250 ml (1/4 l) Milch
4 Eier (Größe M)
Salz
frisch gemahlener Pfeffer
geriebene Muskatnuß
2–3 Semmelbrösel
30 g Butter

Die Eier pellen und in Scheiben schneiden. Die Tomaten waschen, die Stengelansätze herausschneiden, die Tomaten in Scheiben schneiden. Die Gemüsenudeln mit den Eier- und Tomatenscheiben in eine gefettete, feuerfeste Form schichten. Die oberste Schicht sollte aus Nudeln bestehen.

Die Milch mit den Eiern verquirlen, mit Salz, Pfeffer und Muskatnuß kräftig würzen und über die Zutaten gießen. Die Semmelbrösel darüberstreuen und mit Butterflöckchen belegen. Die Form auf dem Rost in den Bachofen stellen.

**Ober-/Unterhitze:** etwa 190 °C (vorgeheizt)
**Heißluft:** etwa 170 °C (nicht vorgeheizt)
**Gas:** etwa Stufe 4 (vorgeheizt)
**Backzeit:** etwa 50 Minuten.

(6 PORTIONEN – ODER 3 PORTIONEN BEI ZUBEREITUNG EINER VARIATION)

# Tortellini in Gorgonzolasauce

1 kg frische, haltbare Tortellini
Salzwasser
evtl. Speiseöl

Für die Sauce:
40 g Butter
40 g Weizenmehl
500 ml (1/2 l) Gemüsebrühe
oder halb Milch halb Brühe
200 ml Schlagsahne oder
Schmand
200 g Gorgonzola
Salz
frisch gemahlener Pfeffer
2 EL gehackte Petersilie
250 g gekochter oder roher
Schinken

Die Tortellini nach der Packunganleitung in reichlich Salzwasser, evtl. mit etwas Öl, bißfest kochen. Die Tortellini auf ein Sieb geben, mit kaltem Wasser übergießen und abtropfen lassen.

Für die Gorgonzolasauce die Butter zerlassen, das Mehl darin anschwitzen und nach und nach die Gemüsebrühe mit einem Schneebesen unterrühren. Dabei darauf achten, daß keine Klümpchen entstehen.

Die Schlagsahne oder den Schmand und den Gorgonzola in Stückchen unterrühren. Die Sauce etwa 3 Minuten schwach kochen lassen, dabei den Käse schmelzen, mit Salz und Pfeffer würzen.

Die Petersilie und den in Streifen geschnittenen Schinken unterrühren. Die Sauce mit den Tortellini vermengen und sofort servieren.

Für die Zubereitung des „Tortelliniauflaufs mit Salbei" oder der „Tortellinipfanne" die Hälfte des Gerichtes zurücklassen.

## REST-LOS GLÜCKLICH 1 (4 PORTIONEN)

# Tortelliniauflauf mit Salbei

**2 Fenchelknollen (etwa 400 g)**
**1 Bund Salbei**
**1 Bund Frühlingszwiebeln**
**1 Knoblauchzehe**
**3 EL Olivenöl**
**125 ml (1/8 l) Gemüsebrühe**
**4 Tomaten (etwa 250 g)**
**1/2 Rezept Tortellini in Gorgonzolasauce**
**3 Eier (Größe M)**
**200 ml Schlagsahne**
**Salz**
**frisch gemahlener Pfeffer**
**geriebene Muskatnuß**
**40 g geriebener Parmesan**
**Butterflöckchen nach Belieben**

Von den Fenchelknollen die Stiele dicht oberhalb der Knollen abschneiden, braune Stellen und Blätter entfernen, die Wurzelenden gerade schneiden, die Knollen waschen, halbieren und in dünne Scheiben schneiden.

Den Salbei abspülen und die Blätter von den Stengeln zupfen. Die Frühlingszwiebeln putzen, waschen und in Ringe schneiden. Den Knoblauch abziehen und würfeln.

Das Öl erhitzen, das Gemüse darin andünsten, die Gemüsebrühe zugeben und im geschlossenen Topf etwa 5 Minuten dünsten. Die Tomaten waschen, vierteln, die Stengelansätze herausschneiden, entkernen und würfeln.

Das Gemüse, Salbei und die Tomatenwürfel vorsichtig mit den Tortellini vermengen, Die Eier mit der Sahne verquirlen, mit Salz, Pfeffer und Muskatnuß würzen und unter die Auflaufzutaten heben. Mit Käse bestreuen und mit Butterflöckchen belegen. Die Form auf dem Rost in den Backofen stellen.

**Ober-/Unterhitze:**
etwa 190 °C (vorgeheizt)
**Heißluft:** etwa 170 °C
(nicht vorgeheizt)
**Gas:** etwa Stufe 3 (vorgeheizt)
**Backzeit:** etwa 50 Minuten.

## REST-LOS GLÜCKLICH 2 (4 PORTIONEN – OHNE FOTO)

# Tortellinipfanne

**1 Zwiebel**
**1 Knoblauchzehe**
**1 Bund Frühlingszwiebeln**
**1 rote Paprikaschote**
**1 Zucchini (200 g) oder 200 g Staudensellerie**
**2 EL Olivenöl**
**Salz**
**frisch gemahlener Pfeffer**
**Italienische Kräutermischung**
**4 EL Wasser**
**1/2 Rezept Tortellini in Gorgonzolasauce**
**evtl. etwas Milch**
**2 EL in Streifen geschnittene Basilikumblättchen**

Die Zwiebel und Knoblauchzehe abziehen und in Würfel schneiden. Die Frühlingszwiebeln putzen, waschen und in Ringe schneiden.

Die Paprika halbieren, entkernen, die weißen Scheidewände herausschneiden, die Schote waschen und in Streifen schneiden. Die Zucchini oder den Staudensellerie putzen, waschen, die Zucchini halbieren. Das Gemüse in Scheiben schneiden.

Das Öl in einer großen Pfanne erhitzen und die Zwiebel- und Knoblauchwürfel darin glasig dünsten, dann das restliche Gemüse zugeben, andünsten und mit Salz, Pfeffer und den Kräutern würzen.

Das Wasser zugeben und zugedeckt etwa 5 Minuten dünsten lassen, dann die Tortellini zugeben, vorsichtig vermischen. Nach Bedarf etwas Milch zugeben.

Die Tortellinipfanne bei mittlerer Hitze zugedeckt erhitzen, ab und zu vorsichtig umrühren. Zum Schluß mit Salz und Pfeffer abschmecken und mit dem Basilikum bestreut servieren.

(8 PORTIONEN – ODER 4 PORTIONEN BEI ZUBEREITUNG EINER VARIATION)

# Spätzle mit Zwiebeln

**Für die Spätzle:**
**600 g Weizenmehl**
**5 Eier (Größe M)**
**1 ½ gestr. TL Salz**
**etwa 300 ml Wasser**
**Salzwasser**
**40 g Butter**

**300 g Zwiebeln**
**50 g Butterschmalz**

**TIP:**
3-4 EL feingehackte Petersilie oder gemischte Kräuter unter den Spätzleteig rühren.

Für den Spätzleteig das Mehl in eine Schüssel sieben und in die Mitte eine Vertiefung drücken. Die Eier mit dem Salz und Wasser verschlagen, etwas davon in die Vertiefung geben und mit dem Handrührgerät mit Knethaken von der Mitte aus mit dem Mehl verrühren.

Nach und nach die übrige Flüssigkeit hinzugießen und darauf achten, daß keine Klümpchen entstehen. Den Teig so lange schlagen, bis er Blasen wirft.

Den Teig entweder mit einem Spätzlehobel, Spätzledrücker oder durch ein groblochiges Sieb (Gemüsedämpfer) in reichlich kochends Salzwasser geben und aufkochen lassen. Die garen Spätzle auf ein Sieb geben und mit kaltem Wasser übergießen.

Die Butter bräunen und die Spätzle darin schwenken.

Die Zwiebeln abziehen, in Scheiben schneiden. Das Butterschmalz erhitzen, die Zwiebelringe darin bräunen und über die Spätzle geben.

Für die Zubereitung der „Schinkenspätzle" oder „Käsespätzle" die Hälfte des Gerichtes zurückbehalten.

## REST-LOS GLÜCKLICH 1 (4 PORTIONEN)

# Schinkenspätzle

**200 g Schinken oder Schinkenspeck**
**200 g Zwiebeln**
**2 EL Butter oder Speiseöl**
**1/2 Rezept Spätzle mit Zwiebeln**
**100 g geriebener Emmentaler**

Den Schinken oder Schinkenspeck in feine Würfel schneiden. Die Zwiebeln abziehen, ebenfalls in Würfel schneiden. Die Butter oder das Öl in einer Pfanne erhitzen und die Schinken- und Zwiebelwürfel in dem Fett hell anbraten.

Die Speck-Zwiebeln mit den Spätzle und der Hälfte des Käses in eine gefettete Auflaufform schichten. Dabei die Spätzle mit Salz und Pfeffer bestreuen. Den restlichen Käse darüberstreuen und die Form auf dem Rost in den Backofen stellen.

**Ober-/Unterhitze:** etwa 200 °C (vorgeheizt)
**Heißluft:** etwa 180 °C (vorgeheizt)
**Gas:** etwa Stufe 4 (vorgeheizt)
**Backzeit:** etwa 30 Minuten.

## REST-LOS GLÜCKLICH 2 (4 PORTIONEN – OHNE FOTO)

# Käsespätzle

**4 Eier (Größe M)**
**6 EL Milch**
**Salz**
**frisch gemahlener Pfeffer**
**Paprika edelsüß**
**200 g geriebener Käse**
**1/2 Rezept Spätzle mit Zwiebeln**

Die Eier mit der Milch verschlagen, kräftig mit Salz, Pfeffer und Paprika würzen. Die Hälfte des Käses unterrühren. Die Käse-Ei-Masse mit den Spätzle vermengen und in eine gefettete Auflaufform füllen. Den restlichen Käse darüberstreuen und die Form auf dem Rost in den Backofen stellen.

**Ober-/Unterhitze:** etwa 200 °C (vorgeheizt)
**Heißluft:** etwa 180 °C (nicht vorgeheizt)
**Gas:** etwa Stufe 4 (vorgeheizt)
**Backzeit:** etwa 40 Minuten.

**Beilage:** Tomatensalat.

(8 PORTIONEN – ODER 4 PORTIONEN BEI ZUBEREITUNG EINER VARIATION)

# Kartoffelknödel

1,5 kg mehligkochende Kartoffeln
200 g Weizenmehl
2 Eier (Größe M)
Salz
geriebene Muskatnuß

**TIP:** Kartoffeknödel zu Sauerbraten, Gänsebraten, Schmorbraten oder Rouladen servieren.

Die Kartoffeln waschen, in Wasser zum Kochen bringen, in 20–25 Minuten gar kochen, abgießen und abdämpfen. Die Kartoffeln heiß pellen und durch die Kartoffelpresse geben.

Die Kartoffelmasse mit dem Mehl, Eiern, Salz und nach Belieben mit Muskatnuß verkneten.

Aus dem Teig mit bemehlten Händen etwa 20 Knödel formen. Die Knödel in reichlich kochendes Salzwasser geben, zum Kochen bringen und in etwa 15 Minuten gar ziehen lassen.

Für die Zubereitung der „Kartoffelknödel mit Käse“ oder des „Kartoffelknödelauflaufs“ die Hälfte des Gerichtes zurückbehalten.

## REST-LOS GLÜCKLICH 1 (4 PORTIONEN)

# Kartoffelknödel mit Käse

½ Rezept gegarte Kartoffelknödel
100 g geriebener mittelalter Gouda
40 g Semmelbrösel
50 g zerlassene Butter

Die Kartoffelknödel in ½–1 cm dicke Scheiben schneiden, schuppenförmig in eine gefettete Auflaufform legen und mit dem Gouda und den Semmelbröseln bestreuen. Die zerlassene Butter darübergießen und die Form auf dem Rost in den Backofen stellen.

**Ober-/Unterhitze:** etwa 220 °C (vorgeheizt)
**Heißluft:** etwa 200 °C (vorgeheizt)
**Gas:** etwa Stufe 5 (vorgeheizt)
**Backzeit:** 15–20 Minuten.

**TIP:** Die Kartoffelknödel mit Käse zu Geschnetzeltem oder Pilzragout reichen.

## REST-LOS GLÜCKLICH 2 (4 PORTIONEN – OHNE FOTO)

# Kartoffelknödelauflauf

½ Rezept gegarte Kartoffelknödel
300 g Fleischwurst
400 g Tomaten (nach Belieben enthäutet)
1 Bund Frühlingszwiebeln
1 Knoblauchzehe
25 g Butter
Salz
frisch gemahlener Pfeffer
150 ml Milch
2 Eier (Größe M)
Paprika edelsüß
2–3 EL Semmelbrösel
40 g Butterflöckchen

Die Knödel in ½ cm dicke Scheiben schneiden und knapp die Hälfte davon in eine gefettete Auflaufform legen. Die Fleischwurst enthäuten und in Scheiben schneiden. Die Tomaten waschen, die Stengelansätze herausschneiden und ebenfalls in Scheiben schneiden. Die Frühlingszwiebeln putzen, waschen, in Ringe schneiden.

Die Knoblauchzehe abziehen, würfeln, mit den Frühligszwiebeln in der Butter andünsten, mit Salz und Pfeffer würzen und auf den Knödelscheiben verteilen. Die restlichen Knödelscheiben mit den Fleischwurst- und Tomatenscheiben schuppenförmig darauflegen.

Die Milch mit den Eiern verschlagen, mit Salz, Pfeffer und Paprika würzen, über die Zutaten gießen, mit Semmelbröseln bestreuen und Butterflöckchen belegen. Die Form auf dem Rost in den Backofen stellen.

**Ober-/Unterhitze:** etwa 200 °C (vorgeheizt)
**Heißluft:** etwa 180 °C (nicht vorgeheizt)
**Gas:** etwa Stufe 4 (vorgeheizt)
**Backzeit:** etwa 45 Minuten.

(6–8 PORTIONEN – ODER 4 PORTIONEN
BEI ZUBEREITUNG EINER VARIATION)

# Risi-Bisi

**1 Pck. (450 g) TK-Erbsen**
**2 große Zwiebeln**
**2–3 EL Olivenöl**
**500 g Langkornreis**
**1 l Gemüsebrühe**
**1 rote Paprikaschote**
**Salz**
**frisch gemahlener schwarzer Pfeffer**

Die Erbsen in eine Schüssel geben und antauen lassen. Die Zwiebeln abziehen und in kleine Würfel schneiden.

Das Öl in einem Topf erhitzen, die Zwiebelwürfel bei schwacher Hitze darin andünsten. Den Reis dazugeben, glasig dünsten, die Brühe zugießen, umrühren und zugedeckt bei schwacher Hitze unter häufigem Umrühren etwa 10 Minuten garen.

Die angetauten Erbsen unter den Reis rühren, alles nochmals kurz aufkochen und etwa 5 Minuten schwach kochen lassen.

Die Paprikaschote halbieren, entstielen, entkernen, die weißen Scheidewände entfernen, die Schote waschen und in Streifen schneiden. Den Reis mit Salz und Pfeffer abschmecken und mit den Paprikastreifen garnieren.

Für die Zubereitung des „Reis-Gemüse-Gratins" oder der „Reispfanne" die Hälfte des Gerichtes zurückbehalten.

## REST-LOS GLÜCKLICH 1 (4 PORTIONEN)

# Reis-Gemüse-Gratin

**½ Rezept Risi Bisi**
**2 Eier (Größe M)**
**1 Becher (150 g) saure Sahne oder Crème fraîche**
**Salz**
**frisch gemahlener Pfeffer**
**Paprika edelsüß**
**2 Zucchini (300 g)**
**1 Zwiebel**
**1 Knoblauchzehe**
**2 EL kaltgepreßtes Olivenöl**
**italienische Kräutermischung**
**4 Tomaten**
**125 g Mozzarella**

Das Risi-Bisi mit den Eiern, der sauren Sahne oder Crème fraîche, Salz, Pfeffer und Paprika verrühren, in eine gefettete Auflaufform geben und glattstreichen.

Die Zucchini waschen, abtrocknen, den Stiel und das Ende abschneiden und die Zucchini in etwa ½ cm dicke Scheiben schneiden. Die Zwiebel und Knoblauchzehe abziehen und fein würfeln.

Das Olivenöl erhitzen, die Zwiebel- und Koblauchwürfel darin andünsten, die Zucchinischeiben hinzufügen und durchdünsten lassen. Mit Salz, Pfeffer und der Kräutermischung würzen. Das Gemüse in der geschlossenen Pfanne 3–5 Minuten dünsten lassen, ab und zu durchrühren.

Die Tomaten abspülen, abtrocknen, die Stengelansätze herausschneiden. Die Tomaten in Scheiben schneiden, um den Reis legen, mit Salz, Pfeffer und der Kräutermischung bestreuen. Die Zucchinischeiben in die Mitte geben. Den Mozzarella in kleine Stücke schneiden und auf dem Gemüse verteilen. Die Form auf dem Rost in den Backofen stellen.

**Ober-/Unterhitze:** etwa 200 °C (vorgeheizt)
**Heißluft:** etwa 180 °C (nicht vorgeheizt)
**Gas:** etwa Stufe 4 (vorgeheizt)
**Backzeit:** etwa 45 Minuten.

Falls der Auflauf zu stark bräunt, ihn nach ⅔ der Backzeit mit Alufolie abdecken.

**TIP:**
50–100 g geriebenen Käse oder Salamiwürfel mit der sauren Sahne oder der Crème fraîche unter das Risi Bisi rühren.

## REST-LOS GLÜCKLICH 2 (4 PORTIONEN – OHNE FOTO)

# Reispfanne

**je 1 rote und gelbe Paprikaschote (etwa 350 g)**
**3 Zwiebeln**
**2 EL Speiseöl**
**1 Becher (150 g) saure Sahne oder Crème fraîche**
**100 g Sojabohnen-Keimlinge**
**½ Rezept Risi Bisi**
**Salz**
**1 TL Paprika rosenscharf**
**4 Eier (Größe M)**
**4 EL Wasser**
**frisch gemahlener Pfeffer**
**geriebene Muskatnuß**

Die Paprikaschoten halbieren, entstielen, entkernen und die weißen Scheidewände entfernen. Die Schoten waschen, in Steifen schneiden. Die Zwiebeln abziehen, halbieren, in Scheiben schneiden und in dem Öl glasig dünsten.

Die Paprikastreifen und saure Sahne oder Crème fraîche hinzufügen und zugedeckt etwa 5 Minuten dünsten lassen. Die Sojabohnen-Keimlinge abspülen, verlesen und mit dem Risi Bisi zu dem Gemüse geben.

Die Gemüse-Reispfanne zugedeckt 5–10 Minuten dünsten, ab und zu durchrühren und kräftig mit Salz und Paprika abschmecken. Die Eier mit dem Wasser verschlagen, mit Salz, Pfeffer und Muskatnuß würzen, über die Gemüsepfanne geben und in der geschlossenen Pfanne bei schwacher Hitze stocken lassen.

(ETWA 40 STÜCK – 4–6 PORTIONEN –
ODER 3–4 PORTIONEN BEI ZUBEREITUNG EINER VARIATION)

# Kartoffelpuffer

**Für die Kartoffelpuffer:**
**2 kg Kartoffeln**
**1 mittelgroße Zwiebel**
**4 Eier (Größe M)**
**60 g Weizenmehl**
**2–3 gestr. TL Salz**
**125 ml (1/8 l) Speiseöl**

**TIP:** Nach Belieben Apfelmus oder Heidelbeerkompott dazureichen.

Die Kartoffeln waschen, schälen und abspülen. Die Zwiebel abziehen, beide Zutaten reiben, mit den Eiern und dem Mehl verrühren, mit Salz würzen.

Etwas von dem Speiseöl in einer beschichteten Pfanne erhitzen, den Teig eßlöffelweise hineingeben, flachdrücken und von beiden Seiten braun und knusprig backen. Die restlichen Kartoffelpuffer auf die gleiche Weise backen.

Für die Zubereitung der „Kartoffelpuffer Hawaii" 10 große oder für die Zubereitung der „Kartoffelpuffer-Snacks" 16 Kartoffelpuffer zurückbehalten.

**Beigabe:** Für das Lachstatar 250 g geräucherten Lachs fein würfeln. 1 kleine Zwiebel abziehen, ebenfalls fein würfeln. 1 Bund Dill abspülen, die Blättchen von den Stengeln zupfen und hacken. Die Lachs- und Zwiebelwürfel mit dem Dill vermengen. 2 EL Kräuteressig, 1 EL Zitronensaft, 1 TL geriebenen Meerrettich, Salz, Pfeffer und 3–4 EL Speiseöl verrühren und unter den Lachs mischen.

## REST-LOS GLÜCKLICH 1 (4 PORTIONEN)

# Kartoffelpuffer „Hawaii"

**10 große, gebackene Kartoffelpuffer**
**4 Scheiben (200 g) gekochter Schinken**
**8 kleine Scheiben Ananas (Dose)**
**8 kleine Scheiben Gouda**

8 der Kartoffelpuffer auf ein Backblech legen. Auf jeden Kartoffelpuffer jeweils ½ Schinken-, 1 Ananas- und 1 Käsescheibe legen. Das Blech in den Backofen schieben.

**Ober-/Unterhitze:** etwa 220 °C (vorgeheizt)
**Heißluft:** etwa 200 °C (vorgeheizt)
**Gas:** etwa Stufe 5 (vorgeheizt)
**Backzeit:** etwa 15 Minuten.

Die 2 zurückbehaltenen Kartoffelpuffer in je 4 Teile teilen und die Kartoffelpuffer „Hawaii" nach etwa 10 Minuten Backzeit mit den kleinen Kartoffelpuffern garnieren und zu Ende backen.

## REST-LOS GLÜCKLICH 2 (4 PORTIONEN – OHNE FOTO)

# Kartoffelpuffer-Snacks

**16 gebackene Kartoffelpuffer**
**2–3 Birnenhälften (Dose)**
**etwa 60 g cremiger Blauschimmelkäse**
**1 Scheibe gekochter Schinken**
**4 dicke, grüne, gefüllte Oliven**
**4 Scheiben Lachsschinken**
**50 g geriebener Käse**
**1–2 Tomaten**
**4 Scheiben Salami**
**gerebelter Oregano**
**50 g Schafskäse**
**1 Frühlingszwiebel**
**4 Scheiben Lachs**
**75 g Kräuterfrischkäse**

Die Kartoffelpuffer auf ein Backblech legen.

Die Birnenhälften abtropfen lassen und in Spalten schneiden. Den Blauschimmelkäse in Scheiben schneiden. 4 der Kartoffelpuffer mit je ¼ Scheibe gekochten Schinken, den Birnenspalten und dem Blauschimmelkäse belegen.

Die Oliven in Scheiben schneiden. 4 der Kartoffelpuffer mit je 1 Scheibe Lachsschinken und den Olivenscheiben belegen, mit dem geriebenen Käse bestreuen.

Die Tomaten waschen, die Stengelansätze herausschneiden und in Scheiben schneiden. 4 der Kartoffelpuffer mit Salami- und Tomatenscheiben belegen, mit Oregano würzen und mit zerbröckeltem Schafskäse belegen.

Die Frühlingszwiebel putzen, waschen und in Ringe schneiden. 4 der Kartoffelpuffer mit dem Lachs und Frühlingszwiebelringen belegen. Den Kräuterfrischkäse verrühren und in Häufchen darauf setzen. Das Backblech in den Backofen schieben.

**Ober-/Unterhitze:** etwa 220 °C (vorgeheizt)
**Heißluft:** etwa 200 °C (vorgeheizt)
**Gas:** etwa Stufe 5 (vorgeheizt)
**Backzeit:** etwa 15 Minuten.

(8 PORTIONEN – ODER 4 PORTIONEN BEI ZUBEREITUNG EINER VARIATION)

# Polenta mit saurer Sahne

**1 ¾ l Gemüsebrühe**
**250 ml (¼ l) Milch**
**2 Knoblauchzehen**
**500 g Polenta (Maisgrieß)**
**50–75 g leicht gebräunte Butter**
**100 g frisch geriebener Parmesan**
**1 Becher (150 g) saure Sahne oder Crème fraîche**

Die Gemüsebrühe mit der Milch zum Kochen bringen. Die Knoblauchzehen abziehen und zugeben. Die Polenta unter Rühren einrieseln lassen und bei schwacher Hitze unter Rühren etwa 5 Minuten quellen lassen, dann die Butter und den Parmesan unterrühren.

Den Topf von der Kochstelle nehmen und abgedeckt noch etwa 5 Minuten quellen lassen. ⅔ der Polenta in eine Schüssel geben. Aus der restlichen Polenta, mit zwei in heißes Wasser getauchten Eßlöffeln, Nocken formen und auf der Polenta anrichten.

Die saure Sahne oder Crème fraîche verrühren und auf der Polenta verteilen oder dazureichen.

Für die Zubereitung der „Gebratenen Polenta" oder des „Polentagratins" die Hälfte des Gerichtes zurückbehalten.

## REST-LOS GLÜCKLICH 1 (4 PORTIONEN)

# Gebratene Polenta

**½ Rezept Polenta mit saurer Sahne**
**75 g Butter oder Butterschmalz**
**50 g frisch geriebener Parmesan**

Die Polentamasse auf eine flache, eingefette Form 1½ cm dick auftragen. Die Masse erkalten lassen und Halbmonde ausstechen.

Wenn die Polenta in einer Schüssel erkaltet ist, die Masse lösen, stürzen und in 1 ½ cm dicke Scheiben schneiden. Aus den Scheiben nach Belieben Halbmonde ausstechen.

Das Fett in einer Pfanne erhitzen. Die Polentastücke darin von beiden Seiten goldbraun braten. Die Polenta mit Parmesan bestreut servieren.

**TIP:** Statt des Parmesans kann auch geriebener, mittelalter Gouda verwendet werden.

## REST-LOS GLÜCKLICH 2 (4 PORTIONEN – OHNE FOTO)

# Polentagratin

**½ Rezept Polenta mit saurer Sahne**

**Für die Füllung:**
**150 g Gorgonzola**
**100 g frisch geriebener Parmesan**
**50 g Butter**

Die Polenta in eine gefettete Schüssel geben, erkalten lassen, stürzen und in gut ½ cm dicke Scheiben schneiden.

Den Boden einer gut gefetteten feuerfesten Form mit Polentascheiben bedecken, darüber eine Schicht Gorgonzolascheiben legen, ein Drittel des Parmesans und Butterflocken darauf verteilen.

Schichtweise mit Polenta, Gorgonzola, Butter und Parmesan fortfahren, bis alles aufgebraucht ist. Die letzte Schicht muß aus Polentascheiben, dem restlichen Parmesan und einigen Butterflocken bestehen.

**Ober-/Unterhitze:** etwa 200 °C (vorgeheizt)
**Heißluft:** etwa 180 °C (vorgeheizt)
**Gas:** etwa Stufe 4 (vorgeheizt)
**Backzeit:** etwa 30 Minuten.

**Beigabe:** Tomatensalat.

(6 PORTIONEN – ODER 4 PORTIONEN BEI ZUBEREITUNG EINER VARIATION)

# Semmelknödel

75 g durchwachsener Speck
3 mittelgroße Zwiebeln
30 g Butter
450 g (12–13 Stück) altbackene Semmeln (Brötchen)
450 ml Milch
40 g Butter
6 Eier (Größe M)
3 EL gehackte Petersilie
Salz
Salzwasser

Für den Teig den durchwachsenen Speck in Würfel schneiden. Die Zwiebeln abziehen und fein würfeln. Die Butter (30 g) zerlassen, die Speckwürfel darin knusprig braten, die Zwiebelwürfel hinzufügen und glasig dünsten.

Die Semmeln (Brötchen) in kleine Würfel schneiden und in eine Schüssel geben. Die Milch mit der Butter (40 g) erhitzen, über die Semmelwürfel gießen, gut verrühren und die Speck-Zwiebel-Masse mit dem Fett unterrühren.

Die Eier mit der Petersilie verschlagen, unter die abgekühlte Masse rühren und mit Salz abschmecken. Aus der Masse mit bemehlten Händen etwa 20 Klöße formen, in kochendes Salzwasser geben, zum Kochen bringen und in etwa 15 Minuten gar ziehen lassen (Wasser muß sich leicht bewegen).

Für die Zubereitung der „Gebratenen Semmelknödel mit Ei" oder des „Semmelknödelsalates" ein Drittel des Gerichtes zurückbehalten.

# Gebratene Semmelknödel mit Ei

**1/3 Rezept Semmelknödel**
**1 Bund Frühlingszwiebeln**
**2 EL Butterschmalz**
**4–6 Eier (Größe M)**
**4–6 EL Milch**
**Salz**
**frisch gemahlener Pfeffer**
**geriebene Muskatnuß**

Die Knödel in Scheiben schneiden. Die Frühlingszwiebeln putzen, waschen und das Weiße und Grüne der Frühlingszwiebeln getrennt in Ringe schneiden. Die Knödelscheiben und das Weiße der Frühlingszwiebeln in dem Butterschmalz braun braten.

Die Eier mit der Milch verquirlen, mit Salz, Pfeffer und Muskatnuß würzen und über die Knödelscheiben gießen. Die Masse abgedeckt stocken lassen. Das Gericht mit dem Grün der Frühlingszwiebeln bestreut servieren.

**Beigabe:** Salat.

## REST-LOS GLÜCKLICH 2 (4 PORTIONEN – OHNE FOTO)

# Semmelknödelsalat

**1/3 Rezept Semmelknödel**

**Für die Vinaigrette:**
**2 Zwiebeln**
**2–3 EL Kräuteressig**
**3 EL Wasser**
**3 EL Speiseöl**
**Salz**
**frisch gemahlener Pfeffer**
**Zucker**
**1 TL mittelscharfer Senf**
**2 EL Schnittlauchröllchen**

Die Semmelknödel in etwa ½ cm dicke Scheiben schneiden.

Für die Vinaigrette die Zwiebeln abziehen und würfeln. Den Essig, das Wasser und das Öl unterrühren. Die Vinaigrette mit Salz, Pfeffer und Zucker würzen, mit Senf abschmecken, dann die Schnittlauchröllchen unterrühren.

Die Vinaigrette vorsichtig mit den Knödelscheiben vermengen und gut durchziehen lassen. Den Salat nochmals mit den Gewürzen und evtl. Essig abschmecken und servieren.

(7–8 PORTIONEN – ODER 4 PORTIONEN
BEI ZUBEREITUNG EINER VARIATION)

# Mailänder Risotto

**2 EL Olivenöl**
**60 g Butter**
**1 kleine Zwiebel**
**500 g italienischer Rundkornreis (Risottoreis)**
**250 ml (1/4 l) trockener Weißwein**
**Salz**
**2 Döschen (à 0,1 g) gemahlener Safran**
**1 l Rindfleischbrühe**
**60 g geriebener Parmesan**

In einem Topf das Öl und 1 Eßlöffel der Butter erhitzen. Die Zwiebel abziehen, hacken und mit dem Reis darin glasig dünsten. Den Weißwein dazugießen und erhitzen. Das Salz und den Safran hinzufügen.

Unter Rühren nach und nach die Brühe zugießen (vor jeder Flüssigkeitszugabe soll der Reis fast die gesamte vorher zugegebene Brühe aufgesogen haben). Den Reis nach der Packungsanleitung gar kochen lassen (20–25 Minuten). Den Topf vom Herd nehmen, die restliche Butter und den Parmesan unterziehen.

Für die Zubereitung des „Mandel-Safran-Reises“ oder des „Nasi Gorengs“ knapp die Hälfte des Gerichtes zurückbehalten.

## REST-LOS GLÜCKLICH 1 (4 PORTIONEN)

# Mandel-Safran-Reis

300 g Möhren
100 g Mandeln
1 Stange Porree (Lauch)
2 Zwiebeln
125 g getrocknete Aprikosen
3 EL Speiseöl
75 g Rosinen
1 Döschen (0,1 g) Safran
Salz
gemahlener Kreuzkümmel
300 ml Gemüsebrühe
½ Rezept Mailänder Risotto
frisch gemahlener Pfeffer

Die Möhren putzen, schälen, waschen und in Scheiben schneiden. Die Mandeln mit kochendem Wasser kurz überbrühen, abgießen, kalt abspülen und abziehen. Den Porree putzen, halbieren, waschen und in Streifen schneiden. Die Zwiebeln abziehen und würfeln. Die Aprikosen halbieren oder vierteln.

Das Öl erhitzen und die Zwiebelwürfel darin andünsten. Die Möhren, Mandeln, Porree, Aprikosen und Rosinen dazugeben, mit Safran, Kreuzkümmel und Salz würzen. Die Gemüsebrühe zugeben, aufkochen lassen und abgedeckt etwa 5 Minuten garen. Das Risotto zugeben, 5 Minuten mitgaren, mit Salz, Kreuzkümmel und Pfeffer abschmecken und sofort servieren.

**TIP:**
Statt der Mandeln kann der Reis auch mit Pistazienkernen zubereitet werden.

## REST-LOS GLÜCKLICH 2 (4 PORTIONEN – OHNE FOTO)

# Nasi Goreng

400 g Hühnerbrustfilet
2 Zwiebeln
2 Knoblauchzehen
2 rote Paprikaschoten (300 g)
3–4 EL Speiseöl
Salz
frisch gemahlener Pfeffer
1 TL Currypulver
Ingwerpulver
gemahlener Koriander
250 ml (¼ l) Hühnerbrühe
150 g Garnelen (ohne Kopf und Schale)
½ Rezept Mailänder Risotto
2 Eier (Größe M)

Das Fleisch unter fließendem kaltem Wasser abspülen, trockentupfen und in Stücke schneiden.

Die Zwiebeln und Knoblauchzehen abziehen und fein würfeln. Die Paprikaschoten putzen, vierteln, entkernen, die weißen Scheidewände entfernen, waschen und die Schoten in Streifen schneiden.

Das Öl erhitzen, das Fleisch darin anbraten, die Zwiebel- und Knoblauchwürfel zugeben, mit den Gewürzen bestreuen, etwas dünsten lassen und mit der Hühnerbrühe auffüllen. Die Paprikastreifen hinzufügen und etwa 5 Minuten garen lassen.

Von den Garnelen den Darm entfernen. Die Garnelen unter fließendem kaltem Wasser abspülen und trockentupfen. Die Garnelen und das Risotto zu dem Fleisch geben und kurz erhitzen.

Die Eier verquirlen, über den Reis geben und unter Rühren stocken lassen. Das Nasi Goreng mit den Gewürzen abschmecken.

HAUPTREZEPT

(8 PORTIONEN – ODER 4 PORTIONEN BEI ZUBEREITUNG EINER VARIATION)

# Gnocchi in Salbeibutter

**2 kg mehlig-kochende Kartoffeln**
**400 g Weizenmehl**
**3–4 gestr. TL Salz**
**frisch gemahlener Pfeffer**
**Salzwasser**

**Für die Salbeibutter:**
**3–4 Tomaten**
**100 g Butter**
**2–3 EL in Streifen geschnittene Salbeiblätter**
**Salz**
**frisch gemahlener Pfeffer**

**TIP:**
**Zu den Gnocchi in Salbeibutter gebratene Kalbsleber reichen.**

Die Kartoffeln waschen, mit Wasser bedeckt in etwa 25 Minuten gar kochen, abgießen, abdämpfen und pellen. Die Kartoffeln durch eine Kartoffelpresse auf eine bemehlte Arbeitsfläche drücken und noch warm mit dem Mehl, Salz und Pfeffer zu einem glatten Teig verkneten.

Den Teig mit bemehlten Händen in etwa 2 cm dicke Rollen formen, die Rollen in 2 cm lange Stücke schneiden und mit den Zinken einer bemehlten Gabel ein Muster eindrücken.

Das Salzwasser in einem großen Topf zum Kochen bringen, die Gnocchi hineingeben und so lange schwach kochen lassen, bis sie zur Oberfläche aufsteigen. Die Gnocchi mit einem Schaumlöffel herausnehmen, abtropfen lassen.

Für die Salbeibutter die Tomaten kurze Zeit in kochendes Wasser legen (nicht kochen lassen), in kaltem Wasser abschrecken, enthäuten, die Stengelansätze herausschneiden, entkernen, und würfeln. Die Butter zerlassen, die Tomatenwürfel und Salbeiblätter darin andünsten, mit Salz und Pfeffer würzen und mit den Gnocchi vermengen.

Für die Zubereitung der „Gnocchi mit Tomatensauce“ oder des „Gnocchi-Auflaufs“ die Hälfte des Gerichtes zurückbehalten.

## REST-LOS GLÜCKLICH 1 (4 PORTIONEN)

# Gnocchi mit Tomatensauce

1 Zwiebel
1 Knoblauchzehe
1–2 EL Olivenöl
1 Dose (400 g) geschälte Tomaten
1–2 TL Balsamicoessig
Salz
frisch gemahlener Pfeffer
1–2 TL Instant-Brühe
italienische Kräutermischung
Chilipulver oder 1 getrocknete, zerriebene rote Chilischote
1/2 Rezept Gnocchi in Salbeibutter
50 g geriebener Parmesan

Die Zwiebel und Knoblauchzehe abziehen, würfeln und in dem Öl andünsten.

Die Tomaten zerkleinern und mit dem Tomatensaft, Balsamicoessig, Salz, Pfeffer, der Instant-Brühe, Kräutermischung und Chilipulver oder -schote zugeben, etwa 5 Minuten kochen lassen.

Die Gnocchi in Salbeibutter zugeben und in der Sauce vorsichtig erwärmen. Den Parmesan dazu reichen.

**TIP:** Rohen oder gekochten Schinken, kurzgebratenes Fleisch und grünen Salat dazu reichen.

## REST-LOS GLÜCKLICH 2 (4 PORTIONEN – OHNE FOTO)

# Gnocchi-Auflauf

1 Zwiebel
1 Knoblauchzehe
1–2 EL Olivenöl
450 g TK-Blattspinat
125 ml (1/8 l) Wasser
Salz
frisch gemahlener Pfeffer
geriebene Muskatnuß
1 TL Speisestärke
125 ml (1/8 l) Schlagsahne
1/2 Rezept Gnocchi in Salbeibutter
150 g Schafskäse

Die Zwiebel und Knoblauchzehe abziehen, würfeln und in dem Öl andünsten. Den Spinat und das Wasser zugeben, zugedeckt nach Packungsanleitung auftauen und garen. Den Spinat mit Salz, Pfeffer und Muskatnuß würzen.

Die Speisestärke mit der Sahne klumpenfrei verrühren, zugeben und unter Rühren aufkochen lassen, evtl. nochmals abschmecken.

Die Hälfte der Gnocchi in Salbeibutter in eine gefettete Auflaufform geben, den Spinat darüber verteilen, die restlichen Gnocchi darübergeben. Den Schafskäse reiben oder fein zerbröckeln und darüberstreuen. Die Form auf dem Rost in den Backofen geben.

**Ober-/Unterhitze:** etwa 200 °C (vorgeheizt)
**Heißluft:** etwa 180 °C (vorgeheizt)
**Gas:** etwa Stufe 4 (vorgeheizt)
**Backzeit:** etwa 30 Minuten.

HAUPTREZEPT

**(6 PORTIONEN – ODER 3 PORTIONEN BEI ZUBEREITUNG EINER VARIATION)**

# Nudel-Porreetopf

**500 g Bandnudeln**
**Salzwasser**
**etwas Speiseöl**
**1 kg Porree (Lauch)**
**100 ml Fleischbrühe**
**100 ml Weißwein**
**200–250 ml Schlagsahne**
**1 Becher (200 g) Schmand**
**Salz**
**frisch gemahlener Pfeffer**
**geriebene Muskatnuß**
**300 g gekochter Schinken**

Die Nudeln in reichlich kochendes Salzwasser geben, das Öl hinzufügen, zum Kochen bringen, ab und zu umrühren und nach Packungsanleitung bißfest garen. Die Nudeln auf ein Sieb geben, mit kaltem Wasser übergießen und abtropfen lassen.

Den Porree putzen, in Ringe schneiden und waschen. Die Fleischbrühe mit dem Wein in einen Topf geben, den Porree zugeben und etwa 8 Minuten garen. Nach etwa 3 Minuten der Garzeit die Sahne und den Schmand zugeben, mit Salz, Pfeffer und Muskatnuß würzen.

Den Schinken in Streifen schneiden und mit den Nudeln unter den Sahne-Porree mischen.

Für die Zubereitung des „Nudel-Porree-Auflaufs mit Käse“ oder der „Nudelnester“ die Hälfte des Gerichtes zurückbehalten.

## REST-LOS GLÜCKLICH 1 (4 PORTIONEN)

# Nudel-Porree-Auflauf mit Käse

**100–125 ml Weißwein**
**2 Eier (Größe M)**
**½ Rezept Nudel-Porreetopf**
**Salz**
**frisch gemahlener Pfeffer**
**175–200 g Gorgonzola-Käse**
**4 EL Schlagsahne**

Den Weißwein und die Eier verquirlen, den Nudel-Porreetopf unterrühren und kräftig mit Salz und Pfeffer würzen. Die Hälfte der Masse in eine gefettete Auflaufform geben.

Von dem Gorgonzola die Rinde abschneiden. Den Käse mit einer Gabel zerdrücken und mit der Sahne verrühren.

Die Hälfte der Käsemasse in Häufchen auf die Nudeln setzen, den restlichen Nudel-Porreetopf darüber verteilen und den restlichen Käse in Häufchen darauf geben. Die Form auf dem Rost in den Backofen geben.

**Ober-/Unterhitze:** etwa 200 °C (vorgeheizt)
**Heißluft:** etwa 180 °C (nicht vorgeheizt)
**Gas:** etwa Stufe 3 (vorgeheizt)
**Backzeit:** etwa 40 Minuten.

**TIP:**
100 g Schinken- oder Salamiwürfel mit dem Porree-Nudeltopf vermengen. Tomatensalat oder Möhrenrohkost dazu reichen.

## REST-LOS GLÜCKLICH 2 (4 PORTIONEN – OHNE FOTO)

# Nudelnester

**2 Fleischtomaten (400 g)**
**½ Rezept Nudel-Porreetopf**
**Salz**
**frisch gemahlener Pfeffer**
**gerebelter Oregano**
**2 EL Speiseöl**
**8 Eier (Größe M)**
**60 g geriebener Parmesan oder**
**100 g geriebener Emmentaler**
**40 g Butterflöckchen**
**Schnittlauchröllchen**

Die Tomaten kurze Zeit in kochendes Wasser legen (nicht kochen lassen), in kaltem Wasser abschrecken, enthäuten, die Stengelansätze herausschneiden, entkernen und in Würfel schneiden. Die Tomatenwürfel mit dem Nudel-Porreetopf vermengen, mit Salz, Pfeffer und Oregano würzen.

Ein Backblech mit Alufolie belegen, mit Öl bestreichen und die Nudeln auf dem Blech zu 8 Nestern formen. In jedes Nest 1 aufgeschlagenes Ei geben. Über die Nudelnester den Parmesan oder Emmentaler und die Butter geben. Das Blech in den Backofen schieben.

**Ober-/Unterhitze:** etwa 180 °C (vorgeheizt)
**Heißluft:** etwa 160 °C (vorgeheizt)
**Gas:** etwa Stufe 3 (vorgeheizt)
**Backzeit:** 20–25 Minuten.

Die Nudelnester mit Schnittlauch bestreut servieren.

(8 PORTIONEN – ODER 4 PORTIONEN BEI ZUBEREITUNG EINER VARIATION)

# Schweizer Rösti

**2 kg festkochende Kartoffeln**
**2–3 kleine Zwiebeln**
**4 EL Butterschmalz**
**Salz**
**frisch gemahlener Pfeffer**

Die Kartoffeln waschen und in Wasser in etwa 20 Minuten knapp gar kochen, abgießen, abdämpfen, pellen und abkühlen lassen. Die Kartoffeln auf einer groben Reibe raspeln. Die Zwiebeln abziehen und fein würfeln.

Aus den Zutaten 4 Rösti zubereiten. Dazu 1 Eßlöffel von dem Fett in einer schweren oder gleichmäßig bratenden, beschichteten Stielpfanne erhitzen und ¼ der Zwiebeln darin andünsten. ¼ der Kartoffeln in die Pfanne geben, mit Salz und Pfeffer bestreuen, bei milder Hitze 5–7 Minuten goldbraun braten und dabei leicht andrücken.

Den Rösti mit Hilfe des Deckels wenden, würzen und die andere Seite ebenfalls in 5–7 Minuten goldbraun braten, dabei die Masse immer leicht an- und zusammendrücken. Mit den anderen Rösti genauso verfahren.

Für die Zubereitung der „Rösti-Torte“ oder der „Rösti-Pizzen“ die Hälfte des Gerichtes (2 Rösti) zurückbehalten.

**TIP:**
Rösti zu Geschnetzeltem oder zu Steaks reichen.

## REST-LOS GLÜCKLICH 1 (4 PORTIONEN)

# Rösti-Torte

2 gebratene Rösti
3 rote Paprikaschoten (etwa 500 g)
200 g Zucchini
1 Bund Frühlingszwiebeln
400 g Schweinefilet
2 EL Speiseöl
120 g Schinkenspeckstreifen
Salz
frisch gemahlener Pfeffer
1 Becher (150 g) Crème fraîche oder saure Sahne
150 g geriebener Emmentaler

Einen Rösti in eine entsprechend große Auflaufform geben. Die Paprikaschoten halbieren, entstielen, entkernen, die weißen Scheidewände entfernen. Die Schoten waschen und in dünne Streifen schneiden. Von den Zucchini die Enden abschneiden, die Zucchini waschen und in 1x1 cm große Würfel schneiden.

Die Frühlingszwiebeln putzen, waschen und in dünne Ringe schneiden. Das Schweinefilet unter fließendem kaltem Wasser abspülen, trockentupfen und in Streifen schneiden.

Das Öl in einer Pfanne erhitzen, darin das Filet bei starker Hitze schnell anbraten. Die Paprikastreifen, Zucchiniwürfel, Frühlingszwiebeln und den Schinkenspeck andünsten. Mit Salz und Pfeffer würzen und 5 Minuten abgedeckt dünsten.

Die Crème fraîche oder saure Sahne unterrühren und alles auf dem Rösti in der Auflaufform verteilen. Etwas Käse darüberstreuen, den zweiten Rösti darauflegen und den restlichen Käse darauf verteilen. Die Form auf dem Rost in den Backofen stellen.

**Ober-/Unterhitze:** etwa 200 °C (vorgeheizt)
**Heißluft:** etwa 180 °C (vorgeheizt)
**Gas:** etwa Stufe 4 (vorgeheizt)
**Backzeit:** etwa 25 Minuten.

## REST-LOS GLÜCKLICH 2 (4 PORTIONEN – OHNE FOTO)

# Rösti-Pizzen

2 gebratene Rösti
6 EL Salsa texicana oder Gewürzketchup
1 Scheibe gekochter Schinken
50 g Salami
3–4 Tomaten
gerebelter Oregano
Salz
frisch gemahlener Pfeffer
Basilikumblättchen
125 g Mozzarella
2–3 EL geriebener Parmesan

Die Rösti auf ein Backblech legen und mit der Salsa texicana oder dem Ketchup bestreichen. Den Schinken in Streifen schneiden und auf einem Rösti verteilen. Die Salamischeiben evtl. vierteln und auf dem zweiten Rösti verteilen.

Die Tomaten waschen, die Stengelansätze herausschneiden, Tomaten in Scheiben schneiden auf den beiden Rösti verteilen, mit Oregano, Salz, Pfeffer würzen.

Das Basilikum abspülen, den Mozzarella in Scheiben schneiden, beides auf den Tomaten verteilen, dann mit dem Parmesan bestreuen und das Blech in den Backofen schieben.

**Ober-/Unterhitze:** etwa 200 °C (vorgeheizt)
**Heißluft:** etwa 180 °C (vorgeheizt)
**Gas:** etwa Stufe 4 (vorgeheizt)
**Backzeit:** 20–25 Minuten.

**Beigabe:** Blattsalat.

(8 PORTIONEN – ODER 4 PORTIONEN BEI ZUBEREITUNG EINER VARIATION)

# Kartoffelpüree

1,75 kg mehligkochende Kartoffeln
Salzwasser
100 g Butter
etwa 375 ml (3/8 l) heiße Milch
Salz
geriebene Muskatnuß

Die Kartoffeln waschen, schälen, abspülen, in Stücke schneiden, in Salzwasser zum Kochen bringen und in etwa 20 Minuten gar kochen. Die Kartoffeln abgießen und sofort durch die Kartoffelpresse geben oder zerstampfen.

Die Butter und Milch hinzufügen, den Topf auf die Kochstelle setzen und den Brei mit einem Rührlöffel so lange schlagen, bis eine einheitliche Masse entstanden ist. Das Kartoffelpüree mit Salz und Muskatnuß würzen.

Für die Zubereitung der „Panzarotti" (Kartoffelplätzchen) oder der „Herzoginkartoffeln" die Hälfte des Gerichtes zurückbehalten.

**TIP:**
Das Kartoffelpüree mit in Butter gebräunten Zwiebelringen oder gerösteten Semmelbröseln anrichten.

## REST-LOS GLÜCKLICH 1 (4 PORTIONEN – OHNE FOTO)

# Panzarotti (Kartoffelplätzchen)

2–4 Salbeiblättchen
125 g geriebener Parmesan
1/2 Rezept Kartoffelpüree
1 Ei (Größe M)
1 Eigelb (Größe M)
4–5 EL gehackte glatte Petersilie
Salz
frisch gemahlener Pfeffer
etwa 2 EL Weizenmehl
125 g Mozzarella
100 g Semmelbrösel
3 EL Butterschmalz

Die Salbeiblättchen vorsichtig abspülen, trockentupfen und fein hacken. Die Salbeiblättchen mit dem Parmesan, Kartoffelpüree, Ei, Eigelb und der Petersilie verrühren. Mit Salz und Pfeffer würzen und das Mehl unterrühren.

Den Mozzarella abtropfen lassen, in 16 gleich große Stücke schneiden. Den Kartoffelteig zu einer Rolle formen, in 16 gleich große Stücke teilen und in jedes Teigstück einen Käsewürfel drücken.

Das Teigstück zu einem Kloß formen, flachdrücken und in Semmelbröseln wenden. Das Butterschmalz erhitzen und die Panzarotti von jeder Seite etwa 5 Minuten bei schwacher Hitze darin braten lassen.

**Beilage:** Bunte Salatplatte.

# Herzoginkartoffeln

**½ Rezept Kartoffelpüree**
**2 Eier (Größe M)**
**20 g zerlassene Butter**
**Salz**
**1 Eigelb (Größe M)**
**2 TL Milch**

**TIP:**
Die Herzoginkartoffeln mit je 1 Würfel Mozzarella belegen, bevor sie gebacken werden.

Das Kartoffelpüree mit den Eiern und der Butter verrühren, evtl. mit Salz würzen. Die Masse in einen Spritzbeutel mit großer Sterntülle füllen und in Form von Tuffs auf ein mit Backpapier belegtes Backblech spritzen.

Das Eigelb mit der Milch verschlagen, die Tuffs damit beträufeln und das Blech in den Backofen schieben.

**Ober-/Unterhitze:** etwa 220 °C (vorgeheizt)
**Heißluft:** etwa 200 °C (vorgeheizt)
**Gas:** etwa Stufe 5 (vorgeheizt)
**Backzeit:** 15–20 Minuten.

# FLEISCH & GEFLÜGEL

(12 PORTIONEN – ODER 6 PORTIONEN
BEI ZUBEREITUNG DER VARIATION)

# Glasierter Schweinebraten

**etwa 3 ³/₄ kg Schweinebraten mit Knochen und Schwarte (Schwarte vom Schlachter einritzen lassen)**
**Salz**
**frisch gemahlener Pfeffer**
**20 Gewürznelken**
**3 Knoblauchzehen**
**3–4 Lorbeerblätter**
**100 g brauner Zucker (Rohrzucker)**
**1 EL mittelscharfer Senf**
**4 EL Ahornsirup**
**500–750 ml (¹/₂–³/₄ l) Wasser**
**Saucenbinder**

Das Fleisch unter fließendem kaltem Wasser abspülen, trockentupfen, mit Salz und Pfeffer würzen. Die Schwartenseite des Bratens mit den Gewürznelken spicken. Den Knoblauch abziehen und in Stifte schneiden. Die Lorbeerblätter in Stücke brechen und beides in die Schwarteneinschnitte des Bratens stecken. Den Braten auf dem Rost in den Backofen schieben. Das austretende Fett in der Fettpfanne auffangen.

**Ober-/Unterhitze:** etwa 180 °C (vorgeheizt)
**Heißluft:** etwa 160 °C (nicht vorgeheizt)
**Gas:** etwa Stufe 3 (vorgeheizt)
**Garzeit:** etwa 2 ½ Stunden.

Das Fett abgießen, auffangen und mit dem braunen Zucker, Senf und Ahornsirup verrühren. Zum Glasieren den Braten mit dem angerührten Fett bestreichen. Das Wasser in die Fettfangschale gießen, den Schweinebraten auf dem Rost und die Fettfangschale wieder in Backofen schieben.

**Ober-/Unterhitze:** etwa 200 °C (vorgeheizt)
**Heißluft:** etwa 180 °C (nicht vorgeheizt)
**Gas:** etwa Stufe 4 (vorgeheizt)
**Glasierzeit:** etwa 45 Minuten.

Den Schinken aufschneiden und warm stellen. Den Bratensatz in einen Topf gießen, entfetten, zum Kochen bringen, mit Saucenbinder binden und mit Salz und Pfeffer würzen.

Für die Zubereitung der „Trapperpfanne“ knapp die Hälfte des Gerichtes zurückbehalten.

**Beilage:** Gemüse oder Salat, Kartoffeln oder Brot.

# Trapperpfanne

knapp ½ Rezept gegarter Schweinebraten
2 Gemüsezwiebeln (500 g)
2 Knoblauchzehen
1 Pck. Zwiebelsauce (ergibt 300 ml)
½ Flasche (250 ml) Texicana Salsa (scharfe, mexikanische Sauce)
1 Dose (420 g) Baked beans (Gebackene weiße Bohnen in Tomatensauce)
1 kleine Dose (255 g) Kidneybohnen
½–1 EL Paprika edelsüß
1 TL grüne Pfefferkörner
Chilipulver
Salz

Den Braten in etwa 1 ½ cm dicke Scheiben schneiden und in eine große, flache Auflaufform legen. Die Zwiebeln abziehen, in feine Scheiben schneiden oder hobeln. Den Knoblauch abziehen und fein hacken.

Die Zwiebelsauce nach Packungsanleitung zubereiten, Zwiebeln und Knoblauch zugeben, jedoch nur 3 Minuten kochen lassen. Die Zwiebelsauce mit der Salsa und den Bohnen (Kidneybohnen, abgetropft) mischen, mit Paprika, grünem Pfeffer, Chili und Salz würzen. Sollte ein Rest Bratensauce übrig sein, kann diese ebenfalls zugegeben werden.

Die Sauce über die Bratenscheiben geben, zugedeckt 1–2 Stunden durchziehen lassen. Die Auflaufform auf dem Rost in den Backofen stellen.

**Ober-/Unterhitze:** etwa 200 °C (vorgeheizt)
**Heißluft:** etwa 180 °C (nicht vorgeheizt)
**Gas:** Stufe 4 (vorgeheizt)
**Garzeit:** etwa 35 Minuten.

**Beilage:** Folienkartoffeln mit Kräutercreme oder Reis.

(6 PORTIONEN – ODER 4 PORTIONEN
BEI ZUBEREITUNG EINER VARIATION)

# Chili con carne

- 100 g durchwachsener Speck
- 3 Zwiebeln
- 2–3 Knoblauchzehen
- 800 g Rindergehacktes
- 1 Dose (400 g) geschälte Tomaten
- 1 Dose (500 g) Kidneybohnen
- 4 EL Chilisauce
- 2 Lorbeerblätter
- 1–2 TL Chilipulver oder 3–5 zerdrückte, getrocknete, rote Chilischoten
- Salz
- 1 Prise Zucker

Den Speck in Würfel schneiden. Die Zwiebeln und Knoblauchzehen abziehen, fein würfeln und im Speckfett glasig dünsten. Das Rindergehackte hinzufügen, unter ständigem Rühren etwa 7 Minuten braten lassen und dabei die Klümpchen mit einer Gabel zerdrücken.

Die Tomaten zerkleinern, mit der Tomatenflüssigkeit, Kidneybohnen, Chilisauce, Lorbeerblättern, Chilipulver oder -schoten, Salz und Zucker würzen, zum Kochen bringen und etwa 15 Minuten offen garen. Das fertige Chili con carne nochmals mit den Gewürzen abschmecken.

Für die Zubereitung der „Tortillas mit Bohnenfüllung„ oder des „Mexikanischen Bohnenauflaufs“ ein Drittel des Gerichtes zurückbehalten.

**TIP:**
Maisbrot, warmes Fladenbrot oder Reis dazu reichen.

# REST-LOS GLÜCKLICH 1 (4 PORTIONEN)

## Mexikanischer Bohnenauflauf

⅓ Rezept Chili con carne
50 g Rosinen
1 TL gemahlener Kreuzkümmel
2 Hähnchenbrustfilets (500 g)
Salz, Pfeffer, Paprika edelsüß
2 EL Olivenöl
3–4 EL Wasser
100 g schwarze Oliven
2 Dosen (je 285 g) Maiskörner
50 g saure Sahne oder Milch
1 TL Zucker

Das Chili con carne mit den Rosinen und dem Kreuzkümmel verrühren und in eine Auflaufform geben.

Die Hähnchenbrustfilets unter kaltem Wasser abspülen, trockentupfen, halbieren, mit Salz, Pfeffer und Paprika würzen. Das Fleisch in dem Öl von beiden Seiten insgesamt 4–5 Minuten anbraten und auf das Chili con carne legen.

Den Bratensatz mit dem Wasser lösen und darübergießen. Die Oliven zwischen die Hähnchenbrustfilets streuen.

Die Maiskörner abtropfen lassen, mit der sauren Sahne oder Milch im Mixer pürieren, mit Salz und Pfeffer würzen und über die Auflaufzutaten geben. Den Auflauf mit Zucker bestreuen und auf dem Rost in den Backofen stellen.

**Ober-/Unterhitze: etwa** 200 °C (vorgeheizt)
**Heißluft:** etwa 180 °C (nicht vorgeheizt)
**Gas:** etwa Stufe 4 (vorgeheizt)
**Backzeit:** etwa 45 Minuten.

**Beigabe:** Bauernbrot, trockener Rotwein.

# REST-LOS GLÜCKLICH 2 (4 PORTIONEN – OHNE FOTO)

## Tortillas mit Bohnenfüllung

Für die Avocadocreme:
1 kleine Zwiebel
2 reife Avocados
1 grüne Chilischote oder etwas Tabasco
1 große Tomate
2 Stengel Koriander
1 TL Limonensaft
Salz

⅓ Rezept Chili con carne
1 EL gehackte Korianderblätter
150 g Frischkäse mit Knoblauch
8 gekaufte Tortillas

Für die Avocadocreme die Zwiebel abziehen und fein hacken. Die Avocados halbieren, den Kern entfernen, das Fruchtfleisch herauslöffeln und mit einer Gabel zerdrücken. Die Chilischote in Ringe schneiden.

Die Tomate kurze Zeit in kochendes Wasser legen (nicht kochen lassen), in kaltem Wasser abschrecken, enthäuten, den Stengelansatz herausschneiden, entkernen und die Tomate fein würfeln.

Den Koriander abspülen, die Blättchen von den Stengeln zupfen und hacken. Alle Zutaten gut miteinander verrühren, mit Limonensaft und Salz abschmecken.

Das Chili in einem Topf erhitzen und etwas einkochen, dann den Koriander unterrühren. Den Frischkäse cremig rühren.

Die Tortillas nach Packungsaufschrift erhitzen. Das Chili in die Mitte der Tortillas geben, etwas Frischkäse und Avocadocreme daraufgeben, die Tortillas aufrollen und ein Ende umschlagen.

**Beigabe:** Blattsalat, trockener Rotwein.

(8 PORTIONEN – ODER 4 PORTIONEN
BEI ZUBEREITUNG DER VARIATION)

# Würziges Schweinefilet

**1,4 kg Schweinefilet**
**Salz**
**frisch gemahlener Pfeffer**
**Paprika edelsüß**
**gerebelter Majoran**
**200 g durchwachsener Speck in Scheiben**

**Für die Sauce:**
**400 ml Kalbsfond (Glas)**
**2 EL Weizenmehl**
**3–4 EL kaltes Wasser**
**100 ml Schlagsahne**
**Salz**
**frisch gemahlener Pfeffer**
**Pilz-Sojasauce (Asia-Laden)**

Das Schweinefilet unter fließendem kaltem Wasser abspülen, trockentupfen, enthäuten, in Scheiben schneiden und mit Salz, Pfeffer, Paprika und Majoran würzen.

Die Hälfte des Specks in eine feuerfeste Form legen, die Filets darauf legen und mit den restlichen Speckscheiben belegen. Die Form ohne Deckel auf dem Rost in den Backofen stellen.

**Ober-/Unterhitze:** etwa 200 °C (vorgeheizt)
**Heißluft:** etwa 180 °C (nicht vorgeheizt)
**Gas:** etwa Stufe 4 (vorgeheizt)
**Backzeit:** etwa 35 Minuten.

Das gare Fleisch in Alufolie wickeln, noch einige Minuten bei Zimmertemperatur ruhen lassen, in Scheiben schneiden, auf einer vorgewärmten Platte anrichten und warm stellen.

Für die Sauce den Bratensatz mit dem Fond lösen, in einen Topf geben und zum Kochen bringen. Das Mehl mit kaltem Wasser anrühren, unter Rühren in die Flüssigkeit geben, zum Kochen bringen und etwa 5 Minuten kochen lassen. Die Sahne unterrühren, die Sauce mit Salz, Pfeffer und Pilz-Sojasauce abschmecken und zu dem Fleisch reichen.

Für die Zubereitung des „Currys mit Joghurt und Gurke“ die Hälfte des Gerichtes zurückbehalten.

**Beigabe:** Kartoffelkroketten, Broccoli.

# Curry mit Joghurt und Gurke

½ Rezept würziges Schweinefilet
1 Gemüsezwiebel
2 EL Speiseöl
1 Schmor- oder Salatgurke (etwa 400 g)
Salz
frisch gemahlener Pfeffer
1 TL Currypaste (Asia-Laden)
100–200 ml Wasser oder Fleischbrühe (je nachdem wieviel Sauce übrig ist)
½ EL gehackte Minzeblätter
2 EL Mango-Chutney
1 Becher (150 g) Joghurt
1–2 TL Speisestärke
Minzeblättchen

Das Fleisch in Würfel schneiden. Die Zwiebel abziehen, halbieren, in Scheiben schneiden und in dem Öl andünsten. Die Gurke schälen, abspülen, halbieren und mit einem Teelöffel die Kerne herausschneiden. Das Gurkenfleisch in große Würfel schneiden, zur Zwiebel geben, andünsten, mit Salz, Pfeffer und Currypaste würzen.

Das Wasser oder die Brühe angießen. Die Gurke etwa 5 Minuten garen. Die Minze, das Mango-Chutney, Fleisch und die restliche Sauce zugeben und erhitzen. Den Joghurt mit der Speisestärke verrühren, unter das Curry rühren und 1–2 Minuten schwach kochen lassen. Mit Minze garniert servieren.

(8 PORTIONEN – ODER 4 PORTIONEN BEI ZUBEREITUNG DER VARIATION)

# Kalbsschmorbraten mit Zimtsauce

1,5 kg Kalbsbraten (aus der Keule oder ausgelöstes Kotelettstück)
Salz
frisch gemahlener Pfeffer
1 Zweig Rosmarin
3 EL Speiseöl
3 Schalotten
250–300 ml Kalbsfond oder -brühe

Für die Sauce:
100 ml Weißwein
½ TL Zimtpulver
1 Prise Zucker
200 g grüne, kernlose Weintrauben
1 Becher (150 g) Crème fraîche
evtl. dunkler Saucenbinder

Den Kalbsbraten unter fließendem kaltem Wasser abspülen, trockentupfen, mit Salz und Pfeffer würzen. Den Rosmarinzweig abspülen, trockentupfen und die Nadeln von dem Stengel zupfen. Das Öl erhitzen, das Fleisch von allen Seiten gut darin anbraten und mit den Rosmarinnadeln bestreuen. Die Schalotten abziehen würfeln und anbraten. Etwas Kalbsfond hinzugießen und das Fleisch abgedeckt in den Backofen geben.

**Ober-/Unterhitze:** etwa 220 °C (vorgeheizt)
**Heißluft:** etwa 200 °C (nicht vorgeheizt)
**Gas:** etwa Stufe 5 (vorgeheizt)
**Schmorzeit:** etwa 1 ¼–1 ½ Stunden.

Nach und nach die verdampfte Flüssigkeit durch Fond oder Brühe ersetzen. Das Fleisch zwischendurch öfter wenden. Das gare Fleisch aus dem Topf nehmen, in Alufolie wickeln und ruhen lassen.

Für die Sauce den Wein zu dem Bratensatz geben. Die Sauce mit Salz, Zimt und Zucker abschmecken.

Die Weintrauben abspülen, abtropfen lassen, mit der Crème fraîche hinzufügen und erhitzen, evtl. mit dem Saucenbinder binden.

Für die Zubereitung der „Kalbsröllchen auf Spießen" ein Drittel des Bratens zurückbehalten und erkalten lassen.

Das restliche Fleisch in Scheiben schneiden, auf einer vorgewärmten Platte anrichten und die Sauce dazu reichen.

**Beilage:** Spätzle, Nudeln, Kroketten.

# Kalbsröllchen auf Spießen

**750 g grüne Bohnen**
**Bohnenkraut**
**Salzwasser**
**4 Tomaten**
**40 g Butter**
**Salz, Pfeffer**
**restlicher gegarter Kalbsbraten**

**Für die Füllung:**
**50 g abgetropfte, getrocknete Tomaten in Öl**
**4 gefüllte Oliven**
**1 Knoblauchzehe**
**1 kleine rote, entkernte Chilischote**
**1 EL vorbereitete Basilikumblätter**

**12–16 dünne Scheiben durchwachsener Speck**

Von den Bohnen die Enden abschneiden, die Bohnen evtl. abfädeln und waschen. Die Bohnen mit dem Bohnenkraut in kochendes Salzwasser geben, zum Kochen bringen, in etwa 15 Minuten gar kochen und abtropfen lassen.

Die Tomaten kurze Zeit in kochendes Wasser legen (nicht kochen lassen), in kaltem Wasser abschrecken, enthäuten, die Stengelansätze herausschneiden und würfeln.

Die Butter zerlassen, die Tomatenwürfel darin andünsten, die Bohnen darin erhitzen, mit Salz und Pfeffer würzen und auf einer vorgewärmten Platte warm stellen. Den Kalbsbraten in 12–16 dünne Scheiben schneiden.

Für die Füllung alle Zutaten fein hacken und gut vermengen.

Die Füllung auf die Bratenscheiben geben, aufrollen und mit je 1 Speckscheibe umwickeln. Jeweils 3–4 Röllchen auf einen Holzspieß stecken, unter dem vorgeheizten Grill schieben, von jeder Seite 3–4 Minuten grillen und auf dem Bohnen-Tomaten-Gemüse anrichten.

**Beilage:** Risotto oder Röstkartoffeln.

HAUPTREZEPT

**(8 PORTIONEN – ODER 4 PORTIONEN BEI ZUBEREITUNG DER VARIATION)**

# Bologneser Fleischsauce mit Spaghetti

**600 g Tomaten**
**200–250 g Staudensellerie**
**1 Bund Suppengrün**
**4 Zwiebeln**
**2–3 Knoblauchzehen**
**150 g durchwachsener Speck**
**2 EL Olivenöl**
**750 g Rindergehacktes**
**4–5 EL Tomatenmark**
**Salz**
**frisch gemahlener Pfeffer**
**1 EL gerebelter Oregano**
**1 EL Rosmarinnadeln**
**1 1/2 EL Paprika edelsüß**
**3 Lorbeerblätter**
**1 Flasche (750 ml) Rotwein**
**800 g Spaghetti**
**(400 g für 4 Portionen)**
**Salzwasser**
**Olivenöl**

Die Tomaten kurze Zeit in kochendes Wasser legen (nicht kochen lassen), in kaltem Wasser abschrecken, enthäuten, die Stengelansätze herausschneiden und die Tomaten in Würfel schneiden. Den Staudensellerie putzen, waschen, die harten Außenfäden abziehen und würfeln.

Das Suppengrün putzen, schälen, waschen und würfeln. Die Zwiebeln und Knoblauchzehen abziehen und in feine Würfel schneiden. Den Speck würfeln.

Das Öl in einer Pfanne erhitzen, das Gehackte darin anbraten. Die Speckwürfel zugeben, etwa 2 Minuten mitbraten, dann Zwiebeln und Knoblauch zugeben und 3 Minuten andünsten.

Das Tomatenmark und die Gemüsewürfel zugeben und mit Salz, Pfeffer, Oregano, Rosmarin, Paprika und Lorbeer würzen. Den Rotwein zugießen und alles gut verrühren. Die Bologneser Sauce abgedeckt etwa 1 Stunde bei schwacher Hitze kochen lassen. Nochmals mit Salz und Pfeffer würzen.

Während die Sauce kocht, die Spaghetti in reichlich kochendes Salzwasser geben, evtl. etwas Olivenöl hinzufügen, zum Kochen bringen, ab und zu umrühren. Die garen Spaghetti auf ein Sieb geben, mit kaltem Wasser übergießen und abtropfen lassen und mit der Sauce servieren.

Für die Zubereitung der „Lasagne" die Hälfte der Bologneser Sauce zurückbehalten.

**Beilage:** Geriebener Parmesan und Salat.

# Lasagne

**Für die Tomatensauce:**
**1 Zwiebel**
**1 Knoblauchzehe**
**1 EL Olivenöl**
**1 Dose (480 g) geschälte Tomaten**
**1 Gemüsebrühwürfel für 500 ml (½ l) Flüssigkeit**
**Salz**
**frisch gemahlener Pfeffer**
**gerebelter Oregano**

**Für die Füllung:**
**½ Rezept Bologneser Fleischsauce**
**125 ml (⅛ l) Wasser**
**125 g Mozzarella**
**100 g geriebener Parmesan**

**200 g Lasagne-Nudeln**
**1 Bund Basilikum**

Für die Tomatensauce die Zwiebel und den Knoblauch abziehen und in feine Würfel schneiden. Das Öl in einem Topf erhitzen, die Zwiebel- und Knoblauchwürfel darin andünsten. Die Tomaten mit der Flüssigkeit und dem Brühwürfel zugeben, unter gelegentlichem Rühren etwa 30 Minuten einkochen lassen. Die Sauce mit Salz, Pfeffer und Oregano würzen.

Für die Füllung die Bologneser Fleischsauce mit dem Wasser erhitzen. Den Mozzarella in Würfel schneiden und mit ⅓ des Parmesans vermengen.

In eine gefettete feuerfeste Form etwas Tomatensauce geben. Dann eine Lage Lasagne-Nudeln darüberlegen. Darauf etwas Fleischsauce geben. Das Basilikum abspülen, trockentupfen, die Blätter von den Stengeln zupfen, grob hacken und einen Teil über die Fleischsauce streuen.

Die Schichtung so lange wiederhohlen, bis alle Zutaten verbraucht sind. Dabei mit den Nudeln abschließen und mit Tomatensauce begießen. Den restlichen Parmesan darüberstreuen und auf dem Rost in den Backofen stellen.

**Ober-/Unterhitze:** etwa 190 °C (vorgeheizt)
**Heißluft:** etwa 170 °C (nicht vorgeheizt)
**Gas:** etwa Stufe 3 (vorgeheizt)
**Backzeit:** 35–40 Minuten.

(6–8 PORTIONEN – ODER 4–6 PORTIONEN
BEI ZUBEREITUNG DER VARIATION)

# Hühnerfrikassee

1 großes Suppenhuhn (etwa 2,2 kg)
2 1/2 l heißes Salzwasser
1 Tomate
1 Zwiebel
3 Nelken
5 Pimentkörner
1 Lorbeerblatt
1 Bund Suppengrün

Für die Sauce:
60 g Butter
60 g Weizenmehl
1 l Hühnerbrühe
150 ml Weißwein
Salz
frisch gemahlener Pfeffer
Zitronensaft
Zucker
1 Dose (etwa 250 g) Spargel
1 Dose (etwa 200 g) Champignons
3 EL Kapern
2 Eigelb (Größe M)

Das Huhn unter fließendem kaltem Wasser abspülen, mit dem Salzwasser in einen großen Topf geben. Die Tomate abspülen, den Stengelansatz herausschneiden und die Tomate in Würfel schneiden.

Die Zwiebel abziehen, mit den Tomatenwürfeln, Nelken, Pimentkörnern und dem Lorbeerblatt zu dem Huhn geben. Das Suppengrün putzen, waschen, kleinschneiden und ebenfalls zugeben. Alles zum Kochen bringen, ab und zu abschäumen und das Huhn in etwa 2 Stunden gar kochen lassen.

Das Huhn herausnehmen, von Haut und Knochen befreien, das Fleisch in Würfel schneiden. Die Brühe durch ein Sieb geben und entfetten. 1 l von der Brühe abmessen.

Für die Sauce die Butter in einem Topf zerlassen, das Mehl unter Rühren hinzugeben und so lange erhitzen, bis die Masse hellgelb ist. Die Hühnerbrühe und den Wein dazugießen, zum Kochen bringen und etwa 5 Minuten kochen lassen.

Die Sauce mit Salz, Pfeffer, Zitronensaft und Zucker abschmecken. Den Spargel und die Champignons abtropfen lassen, den Spargel in Stücke und die Champignons in Scheiben schneiden.

Die Kapern, Spargelstücke und Champignonscheiben mit dem Hühnerfleisch zu der Sauce geben und erhitzen. Das Eigelb mit etwas Sauce verrühren und unter das Frikassee geben (nicht mehr kochen lassen).

Für die Zubereitung der „Hühnerfrikassee-Pasteten“ ein Viertel des Gerichtes zurückbehalten.

# Hühnerfrikassee-Pasteten

**75 g Zuckerschoten**
**Salzwasser**
**2 Tomaten**
**¼ Rezept Hühnerfrikassee**
**100 ml Schlagsahne**
**2 EL gemischte Kräuter (Kerbel, Dill, Petersilie)**
**Salz**
**frisch gemahlener Pfeffer**
**Weißwein**
**4–6 Pasteten (je nach Größe)**
**4–6 Zitronenachtel**
**Kerbel**

Die Zuckerschoten waschen, die Enden abschneiden, evtl. entfädeln und schräg in Stücke schneiden. Die Zuckerschoten in das kochende Salzwasser geben und etwa 2 Minuten blanchieren, auf ein Sieb zum Abtropfen geben.

Die Tomaten kurze Zeit in kochendes Wasser legen (nicht kochen lassen), in kaltem Wasser abschrecken, enthäuten, die Stengelansätze herausschneiden, die Tomaten entkernen und in Würfel schneiden.

Das Hühnerfrikassee mit der Schlagsahne vorsichtig erhitzen, die Zuckerschoten, Tomaten und Kräuter zugeben und miterhitzen. Die Geflügelfüllung mit Salz, Pfeffer und Weißwein abschmecken.

Die Pasteten nach der Packungsanleitung aufbacken, auf Teller setzen, die Füllung hineingeben und etwas über den Rand der Pasteten laufen lassen. Die Pastetendeckel auflegen. Die Pasteten mit Zitronenachteln und Kerbel garnieren und sofort servieren.

(8 PORTIONEN – ODER 4 PORTIONEN
BEI ZUBEREITUNG DER VARIATION)

# Wiener Tafelspitz

**1,75 kg Tafelspitz (aus der Hüfte)**
**2 Lorbeerblätter**
**10 Pimentkörner**
**1 EL Pfefferkörner**
**2 l Salzwasser**
**2 Zwiebeln**
**750 g kleine Möhren (Bundmöhren)**
**150 g Petersilienwurzel**
**150 g Knollensellerie**
**1 Stange Porree (Lauch)**
**1 ¼ kg Kartoffeln**
**3 EL Speiseöl**
**Paprika edelsüß**

**Für die Sauce:**
**2 hartgekochte Eier (Größe M)**
**2 rohe Eigelb (Größe M)**
**125 ml (⅛ l) Speiseöl**
**Salz**
**frisch gemahlener Pfeffer**
**1 EL Zitronensaft**
**2 TL mittelscharfer Senf**
**1 Gewürzgurke**
**1 EL gehackte Petersilie**
**1 EL gehackter Schnittlauch**

Den Tafelspitz unter fließendem kaltem Wasser abspülen, mit den Lorbeerblättern, Piment- und Pfefferkörnern in das kochende Salzwasser geben. Die Zwiebeln ungeschält waschen und dazugeben. Die Brühe etwa 1 ½ Stunden ziehen lassen.

Die Möhren putzen, dabei etwas von dem Grün stehen lassen, schälen und waschen. Die Petersilienwurzel und den Sellerie putzen, schälen, waschen und in Würfel schneiden. Den Porree putzen, in etwa 1 cm dicke Ringe schneiden und waschen. Das Gemüse in die Brühe geben und noch etwa 45 Minuten ziehen lassen.

Die Kartoffeln waschen, in Wasser in 20–25 Minuten gar kochen, abgießen, kalt abschrecken, pellen, in dem Speiseöl kurz von allen Seiten anbraten und mit Paprika bestäuben.

Für die Sauce die hartgekochten Eier pellen, das Eigelb durch ein Sieb streichen und mit dem rohen Eigelb verrühren. Das Speiseöl tropfenweise mit dem Schneebesen unterrühren. Die Sauce mit Salz, Pfeffer, Zitronensaft und Senf abschmecken. Die Gewürzgurke waschen, in feine Würfel schneiden, hinzugeben und die Kräuter unterrühren.

Das Fleisch aus der Brühe nehmen, etwa 10 Minuten in Alufolie gewickelt ruhen lassen, dann in Scheiben schneiden. Das Fleisch mit den Kartoffeln, dem Gemüse und der Sauce anrichten.

Für die Zubereitung des „Schichten-Tafelspitzes“ die Hälfte des Fleisches und jeweils ein Drittel der Möhren und Kartoffeln zurückbehalten.

**TIP:**
Nach Belieben das hartgekochte Eiweiß sehr fein schneiden und mit unter die Sauce rühren.

# Schichten-Tafelspitz

**Für den Salat:**
**300 g kleine, feste Zucchini**
**3 EL Speiseöl**
**1/3 Rezept gegarte Kartoffeln**
**1/3 Rezept gegarte Möhren**
**3–4 EL Rindfleischbrühe**
**1 kleine Zwiebel**
**2–3 EL Kräuteressig**
**frisch gemahlener Pfeffer**
**1 EL scharfer Senf**
**3 EL Schnittlauchröllchen**
**Salz, Pfeffer**
**Kräuteressig**

**1/2 Rezept gegarter Tafelspitz**

**Für die Grüne Sauce (Salsa verde):**
**2 Bund glatte Petersilie**
**2 EL Kapern**
**1 EL Semmelbrösel**
**2 EL Sherryessig**
**6 EL Olivenöl**
**Salz, Pfeffer**
**2 Knoblauchzehen**
**1 Schalotte**
**6 schwarze Oliven**
**Sherryessig**

Die Zucchini waschen, die Enden abschneiden, die Zucchini in feine Streifen schneiden. Das Öl erhitzen, die Zucchinistreifen darin etwa 5 Minuten dünsten. Die Kartoffeln und Möhren in kleine Würfel schneiden und zu den Zucchini geben. Die Brühe zugeben und erwärmen.

Die Zwiebel abziehen, würfeln, mit dem Essig, Pfeffer und Senf verrühren. Die Schnittlauchröllchen unterrühren, mit dem Gemüse vermengen, mit Salz, Pfeffer und Essig kräftig abschmecken.

Den Tafelspitz in etwa 1 cm dicke Scheiben scheiden. Eine Scheibe auf Frischhaltefolie legen, etwa 1 cm dick mit Salat belegen und die nächste Scheibe darauf legen. Die Fleischstücke mit dem Salat zusammensetzen, bis die Zutaten verbraucht sind. Sollte ein Rest an Salat entstehen, ihn getrennt aufheben. Den Tafelspitz mit der Folie umwickeln und kalt stellen.

Für die grüne Sauce die Petersilie abspülen, trockentupfen, die Blätter von den Stengeln zupfen und mit den Kapern, Semmelbröseln, Sherryessig, Olivenöl, Salz und Pfeffer pürieren.

Den Knoblauch und die Schalotte abziehen und fein würfeln. Die Oliven entkernen, vierteln und mit den Knoblauch- und Schalottenwürfeln zu dem Püree geben. Alle Zutaten gut miteinander verrühren, mit Salz und Pfeffer würzen und mit Sherryessig abschmecken.

Zum Essen die einzelnen Scheiben abnehmen, mit der Grünen Sauce und evtl. dem restlichen Salat servieren.

**Beigabe:** Baguette.

(TITELFOTO – 6–8 PORTIONEN – ODER 4 PORTIONEN BEI ZUBEREITUNG EINER VARIATION)

# Kasseler mit Kräutern

**1,6 kg Kasselerkotelett ohne Knochen**
**5–6 Lorbeerblätter**
**10–12 Nelken**
**1–2 Knoblauchzehen**
**je 2 Zweige Thymian und Rosmarin**

Das Kasseler unter fließendem kaltem Wasser abspülen und trockentupfen. Die Lorbeerblätter halbieren und mit den Nelken auf das Kasseler spicken.

Die Knoblauchzehen abziehen, in Stifte schneiden, die Kasseleroberfläche an mehreren Stellen einritzen und die Stifte hineinstecken. Die Thymian- und Rosmarinzweige abspülen, trockentupfen und mit Küchengarn um das Kasseler binden. Das Kasseler in Bratfolie wickeln und in den Backofen stellen.

**Ober-/Unterhitze:** etwa 200 °C (vorgeheizt)
**Heißluft:** etwa 180 °C (nicht vorgeheizt)
**Gas:** etwa Stufe 4 (vorgeheizt)
**Bratzeit:** etwa 50 Minuten.

Das Kasseler in Scheiben schneiden und den Bratensaft dazu reichen.

Für die Zubereitung des „Kasselertopfes“oder des „Kasseler mit Linsensalates“ ein Drittel des Gerichtes zurückbehalten.

## REST-LOS GLÜCKLICH 1 (TITELFOTO – 4 PORTIONEN)

# Kasselertopf

**gut 1/3 Rezept gegartes Kasseler mit Bratensatz**
**3 mittelgroße Äpfel (z.B. Golden Delicious)**
**150–200 ml Apfelsaft**
**1 Dose (400 g) stückige Tomaten**
**3–4 EL Apfelessig**
**1 TL brauner Zucker**
**1/2 TL Ingwerpulver**
**1 Prise gemahlene Nelken**
**80 g Rosinen**
**Salz, Pfeffer**
**abgeriebene Schale einer Orange (unbehandelt) oder 1 Pck. geriebene Orangenschale**

Das Kasseler in etwa ½–1 cm dicke Scheiben schneiden. Die Äpfel waschen, schälen, vierteln, entkernen und in Stücke schneiden. Den Bratensatz mit dem Apfelsaft auf 200 ml auffüllen.

Die Apfelstücke mit dem Bratensatz und Apfelsaft, Tomaten, Essig, Zucker, Gewürzen und Rosinen vermengen, evtl. mit Salz und Pfeffer würzen.

Die Hälfte davon in eine gefettete Auflaufform geben, die Kasselerscheiben darauflegen, die restliche Apfel-Tomaten-Masse darauf verteilen. Die Orangenschale darüberstreuen.

Die Auflaufform mit Alufolie verschließen und die Form auf dem Rost in den Backofen stellen.

**Ober-/Unterhitze:** etwa 200 °C (vorgeheizt)
**Heißluft:** etwa 180 °C (nicht vorgeheizt)
**Gas:** etwa Stufe 4 (vorgeheizt)
**Garzeit:** etwa 40–45 Minuten.

Nach etwa 30 Minuten Garzeit die Folie entfernen und weiterbacken.

**Beigabe:** Kartoffelbrei, Reis oder Petersilienkartoffeln.

## REST-LOS GLÜCKLICH 2 (TITELFOTO – 4 PORTIONEN)

# Kasseler mit Linsensalat

**2 Zwiebeln**
**3 EL Olivenöl**
**150 g braune Tellerlinsen**
**375 ml (3/8 l) Gemüsebrühe**
**100 g Linsen- oder Sojabohnensprossen**
**150 g Feldsalat**
**150 g Kirschtomaten**
**1 TL mittelscharfer Senf**
**3 EL Rotweinessig**
**Salz, Pfeffer, Zucker**
**1/3 Rezept gegartes Kasseler mit Bratensaft**

Die Zwiebeln abziehen, würfeln, in dem erhitzten Olivenöl (1 Eßlöffel) andünsten. Die Linsen und die Brühe hinzufügen und in etwa 30 Minuten ausquellen lassen.

Die Linsen- oder Sojasprossen abspülen, abtropfen lassen. Den Feldsalat putzen, waschen, abtropfen lassen. Die Kirschtomaten waschen und halbieren.

Aus dem restlichen Öl, Senf, Essig und Gewürzen eine Marinade zubereiten und 1 ½ Eßlöffel davon unter die garen Linsen rühren. Die übrigen Salatzutaten mit der restlichen Marinade anmachen.

Die Linsen auf vier Teller verteilen. Den Bratensaft vom Kasseler erwärmen, auf den Linsenportionen verteilen, darauf den Salat geben. Das Kasseler in Scheiben schneiden. Die Scheiben neben jeder Salatportion anrichten und sofort servieren.

(6–8 PORTIONEN – ODER 4–6 PORTIONEN BEI ZUBEREITUNG EINER VARIATION)

# Mariniertes Roastbeef

**1,75 kg Roastbeef**

**Für die Marinade:**
**3 Knoblauchzehen**
**1 ½ gestr. TL Salz**
**1 ½ TL gemahlener Kreuzkümmel (Cumin)**
**½ TL gemahlener Zimt**
**1 TL frisch gemahlener Pfeffer**
**3 EL Limonensaft**
**6–7 EL Olivenöl**
**250 ml (¼ l) Wasser oder Fleischbrühe**

**Für die Petersilienbutter:**
**75–100 g Butter**
**2 Bund glatte Petersilie**

Das Fleisch unter fließendem kaltem Wasser abspülen und trockentupfen.

Für die Marinade den Knoblauch abziehen und durchpressen, mit dem Salz, Kreuzkümmel, Zimt, Pfeffer, Limonensaft und 4–5 Eßlöffeln von dem Öl verrühren. Das Fleisch von allen Seiten damit besteichen und ½–1 Tag durchziehen lassen, dabei einmal wenden.

Das restliche Öl erhitzen. Das Fleisch rundherum kräftig anbraten, in eine flache Auflaufform legen, die restliche Marinade darübergeben und auf einem Rost in den Backofen stellen. Während des Bratens die verdampfte Flüssigkeit nach und nach durch Wasser oder Brühe ersetzen.

**Ober-/Unterhitze:** etwa 230 °C (vorgeheizt)
**Heißluft:** etwa 210 °C (nicht vorgeheizt)
**Gas:** etwa Stufe 6 (vorgeheizt)
**Bratzeit:** etwa 50 Minuten.

Das Fleisch noch 10–15 Minuten im ausgeschalteten Backofen nachziehen lassen. Das Fleisch herausnehmen und etwa 5 Minuten in Alufolie gewickelt ruhen lassen. Den Bratensatz evtl. mit Wasser loskochen, mit Salz und Pfeffer abschmecken und dazu reichen. Das Fleisch in dünne Scheiben schneiden, auf einer vorgewärmten Platte anrichten.

Die Butter leicht bräunen. Die Petersilie abspülen, trockentupfen, die Blätter von den Stengeln zupfen, kleinhacken und zugeben. Die Petersilienbutter zu dem Fleisch reichen.

Für die Zubereitung der „Roastbeefröllchen" oder des „Roastbeefs mit Cumberlandsauce" ein Drittel des Gerichtes zurückbehalten.

**Beilage:** Petersilienkartoffeln.

# REST-LOS GLÜCKLICH 1 (4 PORTIONEN)

# Roastbeefröllchen

**1/3 Rezept mariniertes, gegartes Roastbeef**
**2 hartgekochte Eier (Größe M)**
**15 frische Minzeblätter**
**4 EL Mayonnaise (Glas)**
**Zitronensaft**
**Salz**
**frisch gemahlener Pfeffer**
**einige Minzesträußchen zum Garnieren**
**1 Tomate**

Das Roastbeef in 8 dünne Scheiben schneiden und die Scheiben ausgebreitet auf eine Platte legen. Die Eier pellen und kleinhacken. Die Minzeblätter waschen, trockentupfen und in feine Streifen schneiden. Beides mit der Mayonnaise verrühren und mit Zitronensaft, Salz und Pfeffer abschmecken.

Die Eiermasse auf die Roastbeefscheiben streichen, diese zu Röllchen aufrollen, auf Tellern verteilen und mit einem Minzesträußchen garnieren.

Die Tomate kurze Zeit in kochendes Wasser legen (nicht kochen lassen), in kaltem Wasser abschrecken, enthäuten, die Stengelansätze herausschneiden, entkernen, würfeln und über die Roastbeef-Röllchen streuen.

**Beigabe:** Warmes Baguette.

# REST-LOS GLÜCKLICH 2 (4 PORTIONEN – OHNE FOTO)

# Roastbeef mit Cumberlandsauce

**Für die Cumberlandsauce:**
**Schale von 1 Orange (unbehandelt)**
**3–5 EL Rotwein**
**250 g Johannisbeergelee**
**1 schwach gehäufter TL Senf**
**Salz, Zitronensaft**

**1/3 Rezept mariniertes, gegartes Roastbeef**
**Zitronenmelisse**

Für die Cumberlandsauce die Orangenschale in feine Streifen schneiden und etwa 10 Minuten in dem Rotwein weich kochen lassen.

Das Johannisbeergelee mit dem Senf gut verrühren, die erkalteten Orangenstreifen mit dem Rotwein hinzufügen, die Sauce mit Salz und Zitronensaft abschmecken.

Das Roastbeef in dünne Scheiben schneiden, auf einer Platte anrichten, mit der Zitronenmelisse garnieren und mit der Cumberlandsauce servieren.

(12 STÜCK – ODER 6 PORTIONEN – ODER 4 PORTIONEN BEI ZUBEREITUNG EINER VARIATION)

# Frikadellen

**1 1/2 altbackene Brötchen (Semmeln)**
**2 mittelgroße Zwiebeln**
**2 Eier (Größe M)**
**1 kg Gehacktes (halb Rind-, halb Schweinefleisch)**
**Salz**
**frisch gemahlener Pfeffer**
**2 TL Senf**
**Paprika edelsüß**
**50 g Pflanzenfett**

Die Brötchen in kaltem Wasser einweichen. Die Zwiebeln abziehen und fein würfeln. Die Brötchen gut ausdrücken, mit den Zwiebelwürfeln, Eiern und dem Gehackten vermengen, mit Salz, Pfeffer, Senf und Paprika abschmecken.

Aus der Masse mit nassen Händen 12 große Frikadellen formen. Das Pflanzenfett erhitzen, die Frikadellen von beiden Seiten insgesamt 12–15 Minuten darin braten.

Für die Zubereitung der „Pikanten Hamburger" oder des „Frikadellenauflaufs" ein Drittel des Gerichtes (4 Stück) zurückbehalten.

**Beilage:** Kartoffelbrei, Möhrengemüse.

## REST-LOS GLÜCKLICH 1 (4 PORTIONEN)

# Pikante Hamburger

**Für den Weißkohlsalat:**
**500 g Weißkohl**
**2 Zwiebeln**
**3–4 EL Speiseöl**
**5 EL Kräuteressig**
**1 gestr. TL Salz**
**1 EL Zucker**
**frisch gemahlener Pfeffer**
**etwas Kümmel**

**2 EL Speiseöl**
**⅓ Rezept Frikadellen**
**4 Laugenbrötchen**
**4 EL Chilisauce**

Für den Weißkohlsalat den Weißkohl putzen, vierteln, den Strunk herausschneiden, den Kohl waschen, quer in Streifen hobeln oder fein schneiden. Die Zwiebeln abziehen und fein würfeln. Das Öl mit dem Essig, Salz und Zucker unter Rühren aufkochen, mit den Zwiebeln, Pfeffer und Kümmel über den Weißkohl geben und gut vermengen.

Den Salat mehrere Stunden, am besten über Nacht, durchziehen lassen und dann noch einmal mit Essig, Salz und Pfeffer abschmecken.

Das Öl in einer Pfanne erhitzen und die Frikadellen bei mittlerer Hitze abgedeckt darin erhitzen, zwischendurch einmal wenden.

Die Laugenbrötchen aufschneiden, auf die untere Hälfte je eine Frikadelle legen. Darauf Weißkohlsalat und Chilisauce geben. Die obere Hälfte des Brötchens darauf setzen. Den restlichen Salat dazu reichen.

## REST-LOS GLÜCKLICH 2 (4 PORTIONEN – OHNE FOTO)

# Frikadellenauflauf

**¾–1 kg festkochende Kartoffeln**
**Salz**
**frisch gemahlener Pfeffer**
**⅓ Rezept Frikadellen**
**4–5 Tomaten**

**Für die Sauce:**
**30 g Butter**
**30 g Weizenmehl**
**250 ml (¼ l) Fleischbrühe**
**250 ml (¼ l) Milch**
**Salz**
**frisch gemahlener Pfeffer**
**1–2 EL gehackter Dill**
**geriebene Muskatnuß**
**50–75 g geriebener Käse**

Die Kartoffeln waschen, in Wasser zum Kochen bringen, in etwa 25 Minuten gar kochen, abgießen, kalt abschrecken, pellen, in Scheiben schneiden, in eine gefettete Auflaufform geben, mit Salz und Pfeffer würzen.

Die Frikadellen in dicke Scheiben schneiden. Die Tomaten waschen, die Stengelansätze herausschneiden, die Tomaten in Scheiben schneiden und mit den Frikadellenscheiben abwechselnd schuppenförmig auf die Kartoffeln legen.

Für die Sauce die Butter zerlassen. Das Mehl darin anschwitzen und mit einem Schneebesen die Brühe und Milch nach und nach unterschlagen. Dabei darauf achten, daß keine Klümpchen entstehen.

Die Sauce kräftig mit Salz, Pfeffer, Dill und Muskatnuß abschmecken, etwa 3 Minuten schwach kochen lassen und über den Auflauf gießen. Den Käse darüberstreuen und die Form auf dem Rost in den Backofen stellen.

**Ober-/Unterhitze:** 220 °C (vorgeheizt), **Heißluft:** etwa 200 °C (vorgeheizt), **Gas:** etwa Stufe 5 (vorgeheizt), **Backzeit:** etwa 25 Minuten.

(6–8 PORTIONEN – ODER 4 PORTIONEN BEI ZUBEREITUNG DER VARIATION)

# Lammkeule

- 1 Lammkeule mit kleinem Knochen (etwa 2 kg)
- Salz
- frisch gemahlener Pfeffer
- 5 Knoblauchzehen
- 100 g durchwachsener Speck
- 2–3 EL Olivenöl
- 1 EL Butterschmalz
- 300 ml Weißwein
- 500 ml (1/2 l) Lammfond
- 5 EL Armagnac oder Weinbrand
- 1 1/2 EL gerebelter Thymian
- 15 Schalotten
- 2–3 EL Weizenmehl
- Wasser

Die Lammkeule unter fließendem kaltem Wasser abspülen, trockentupfen, mit Salz und Pfeffer würzen. Den Knoblauch abziehen und in Stifte schneiden. Den Speck in Streifen schneiden.

Die Lammkeule rundherum mit dem Knoblauch und Speck spicken (vorher mit einem spitzen, scharfen Messer in regelmäßigen Abständen möglichst senkrecht in das Fleisch stechen). Die Keule in einem Bratentopf mit Öl und Butterschmalz anbraten, dann in den Backofen geben.

**Ober-/Unterhitze:** etwa 200 °C (vorgeheizt)
**Heißluft:** etwa 180 °C (nicht vorgeheizt)
**Gas:** etwa Stufe 4 (vorgeheizt)
**Schmorzeit:** etwa 1 3/4 Stunde.

Den Weißwein, Fond, Armagnac oder Weinbrand und Thymian mischen und nach und nach den Braten etwa alle 10 Minuten damit begießen. Den Braten nach der Hälfte der Schmorzeit einmal wenden. Etwa 30 Minuten vor Ende der Garzeit die abgezogenen Schalotten zufügen. Das Mehl mit dem Wasser klumpenfrei anrühren und die Sauce damit binden.

Für die Zubereitung des „Nudelauflaufs mit Lammfleisch“ ein Drittel des Gerichtes zurückbehalten.

**Beilage:** Grüne Bohnen.

# Nudelauflauf mit Lammfleisch

**⅓ Rezept Lammkeule mit Sauce**
**250 g Makkaroni**
**Salzwasser**
**500 g kleine Zucchini**
**1 kleine Fenchelknolle (250 g) oder 1 rote Paprikaschote (250 g)**
**200 g rote Zwiebeln**
**2 Knoblauchzehen**
**3 EL Olivenöl**
**Salz**
**frisch gemahlener Pfeffer**
**4 Zweige Thymian**
**1–2 Zweige Rosmarin**
**3 Eier (Größe M)**
**200 ml Schlagsahne**
**Cayennepfeffer**
**geriebene Muskatnuß**
**125 g geriebener Hartkäse**

Das Lammfleisch in Streifen schneiden und mit der Sauce vermengen. Die Makkaroni nach Packungsanleitung in reichlich Salzwasser bißfest kochen. Die Nudeln auf ein Sieb geben, mit kaltem Wasser übergießen und abtropfen lassen.

Die Zucchini waschen, abtrocknen, die Enden abschneiden und in dünne Scheiben schneiden. Die Stiele der Fenchelknolle dicht oberhalb der Knolle abschneiden, die braunen Stellen abschneiden, die Wurzelenden geradeschneiden, waschen, halbieren und in Scheiben schneiden. Oder die Paprikaschote halbieren, entstielen, entkernen, die weißen Scheidewände entfernen, die Schote waschen und in Streifen schneiden.

Die Zwiebeln und Knoblauchzehen abziehen, fein würfeln und in dem Olivenöl glasig dünsten. Das Gemüse hinzufügen, unter Rühren andünsten, mit Salz und Pfeffer würzen. Die Thymian- und Rosmarinzweige abspülen, trockentupfen, die Blättchen und Nadeln von den Stengeln zupfen, zugeben und etwa 2 Minuten dünsten.

Das Lammfleisch, die Nudeln und das Gemüse abwechselnd in eine gefettete, feuerfeste Form schichten. Die letzte Schicht sollte aus Nudeln bestehen.

Die Eier mit der Sahne verrühren, mit Salz, Cayennepfeffer und Muskatnuß würzen. Den Käse unterrühren, über den Auflauf gießen und die Form auf dem Rost in den Backofen stellen.

**Ober-/Unterhitze:** 200 °C (vorgeheizt), **Heißluft:** 180 °C (nicht vorgeheizt), **Gas:** Stufe 4 (vorgeheizt), **Backzeit:** etwa 50 Minuten.

Den Auflauf die ersten 20 Minuten abgedeckt garen, da sonst die Nudeln zu hart werden.

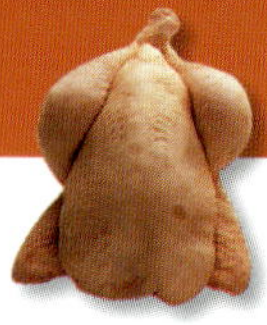

HAUPTREZEPT

(6 PORTIONEN – ODER 4 PORTIONEN BEI ZUBEREITUNG DER VARIATION)

# Gefüllte Pute

**Für den Fond:**
Herz, Magen und Hals der Pute
1 ¼–1 ½ l Salzwasser

**Für die Füllung:**
1 Putenleber
1 großer säuerlicher Apfel
2 Stangen Staudensellerie
150 g Weißbrot vom Vortag
1 Zwiebel
¼ Bund Petersilie
30 g Butter
50–100 g Sonnenblumenkerne
Salz
frisch gemahlener Pfeffer
2 Eier (Größe M)
4 EL Schlagsahne
50 g Rosinen

1 Pute (etwa 3,5 kg)
Salz
frisch gemahlener Pfeffer
40 g flüssige Butter
2 EL Weizenmehl
etwas Wasser

Für den Fond das Herz, den Magen und Hals der Pute waschen, in Salzwasser etwa 1 Stunde kochen lassen, den Fond durch ein Sieb gießen.

Für die Füllung die Leber abspülen, trockentupfen und würfeln. Den Apfel schälen, das Kerngehäuse herausstechen und in dünne Scheiben schneiden. Den Staudensellerie putzen, waschen, die harten Außenfäden abziehen und ebenfalls in dünne Scheiben schneiden.

Das Weißbrot und die abgezogene Zwiebel würfeln. Die Petersilie abspülen, trockentupfen, die Blätter von den Stengeln zupfen und fein hacken.

Die Butter in einem breiten Topf zerlassen. Die Putenleber, Apfelscheiben, Selleriestücke, Weißbrot- und Zwiebelwürfel, Sonnenblumenkerne und die Petersilie darin anrösten, salzen, pfeffern und etwas abkühlen lassen. Die Eier mit der Sahne verschlagen, mit den Rosinen unter die Füllung mischen und abschmecken.

Die Pute unter fließendem kaltem Wasser innen und außen abspülen, trockentupfen und mit Salz und Pfeffer würzen. Die Füllung in die Pute geben, die Öffnung mit Holzstäbchen zustecken und mit Küchengarn zubinden. Die Flügel und Beine anlegen und festbinden.

Die Pute mit der Brustseite nach unten in den Bräter legen, mit der Hälfte der Butter bepinseln und auf dem Rost in den Backofen schieben.

**Ober-/Unterhitze:** 200 °C (vorgeheizt)
**Heißluft:** 180 °C (nicht vorgeheizt)
**Gas:** Stufe 4 (vorgeheizt)
**Bratzeit:** etwa 2 ¾ Stunden.

Nach etwa 45 Minuten etwas von dem Fond zugießen und die verdampfte Flüssigkeit nach und nach durch den Fond ersetzen. Nach 1–1 ¼ Stunden Bratzeit die Pute wenden und mit der restlichen Butter bestreichen. Die gare Pute aus dem Bräter nehmen und tranchieren.

Für die Zubereitung der „Putensülze“ eine Brusthälfte zurückbehalten.

Das Putenfleisch mit der Füllung auf einer großen Platte anrichten. Den Bratensatz in einen kleinen Topf gießen, evtl. entfetten und zum Kochen bringen. Das Mehl mit Wasser anrühren, die Sauce damit binden und evtl. mit Salz und Pfeffer abschmecken.

# Putensülze

**etwa 450 g gegarte Putenbrust (ohne Haut und Knochen)**
**1 Pck. und 1 gestr. TL gemahlene Gelatine, weiß**
**3 EL kaltes Wasser**
**1 rote Paprikaschote**
**500 ml (½ l) Puten- oder Geflügelfond (Glas)**
**Worchestersauce**
**etwa 3 EL Zitronensaft**
**Salz**
**frisch gemahlener Pfeffer**
**1 Bund Dill**
**Eierviertel**

Das Putenfleisch in Würfel schneiden. Die Gelatine mit dem Wasser anrühren und etwa 10 Minuten quellen lassen. Die Paprikaschote halbieren, entstielen, entkernen, die weißen Scheidewände entfernen, die Schote waschen und in Streifen schneiden.

Die Paprika in den kochenden Geflügelfond geben, 2–3 Minuten darin kochen lassen, herausnehmen und abtropfen lassen. Die Gelatine in dem heißen Geflügelfond auflösen. Die Brühe mit Worchestersauce, Zitronensaft, Salz und Pfeffer abschmecken.

Eine Form oder Schüssel (etwa 1 ½ l Inhalt) mit kaltem Wasser ausspülen und so viel von der Brühe hineingeben, daß der Boden bedeckt ist. Die Brühe im Kühlschrank erstarren lassen. Den restlichen Puten- oder Geflügelfond abkühlen lassen.

Den Dill waschen, abtrocknen, feinhacken (1 Zweig zum Garnieren zurücklassen). Die Fleischwürfel und Paprikastreifen auf den erstarrten Aspikspiegel schichten, den Dill dazwischen streuen, die restliche Brühe darübergießen, im Kühlschrank erstarren lassen.

Vor dem Servieren die Form kurz in heißes Wasser halten, die Sülze mit einem Messer vorsichtig vom Rand der Form lösen, auf eine Platte stürzen und mit dem Dillzweig und den Eiervierteln garnieren.

**Beigabe:** Remouladensauce.

HAUPTREZEPT

(6 PORTIONEN – ODER 4–5 PORTIONEN
BEI ZUBEREITUNG DER VARIATION)

# Kaninchen in Olivensauce

**1 küchenfertiges Kaninchen (2,5 kg)**
**Salz**
**frisch gemahlener Pfeffer**
**1 Zweig Rosmarin**
**2 Möhren**
**100 g Knollensellerie**
**2 Zwiebeln**
**2 Tomaten**
**30 schwarze Oliven**
**4 EL Olivenöl**
**250 ml (1/4 l) Weißwein**
**20 g Olivenpaste**
**250 ml (1/4 l) Hühnerbrühe**
**1 Becher (150 g) Crème fraîche**

Das Kaninchen unter fließendem kaltem Wasser abspülen, trockentupfen, in acht Teile zerlegen, mit Salz und Pfeffer würzen. Den Rosmarin abspülen, trockentupfen, die Nadeln von den Stengeln zupfen und fein hacken.

Die Möhren und den Sellerie abspülen, schälen und in Stücke schneiden. Die Zwiebeln abziehen und würfeln. Die Tomaten kurze Zeit in kochendes Wasser legen (nicht kochen lassen), in kaltem Wasser abschrecken, enthäuten, die Stengelansätze herausschneiden, die Tomaten entkernen und grob zerkleinern. Die Oliven vierteln und entkernen.

Das Olivenöl erhitzen und die Kaninchenstücke darin von allen Seiten anbraten. Das Gemüse dazugeben und mitbraten. Den Weißwein angießen. Die Olivenpaste unterrühren und die Hühnerbrühe hinzugießen.

Das Kaninchen in 45–55 Minuten gar schmoren. Die Sauce im Mixer pürieren, die Crème fraîche unterrühren und einkochen lassen. Eventuell nochmals abschmecken.

Für die Zubereitung der „Blätterteigpäckchen“ etwa ein Viertel des Gerichtes zurückbehalten.

# Blätterteigpäckchen

**450 g TK-Blätterteig**
**1/4 Rezept Kaninchen in Olivensauce**
**100 g Champignons**
**1 Zwiebel**
**1–2 EL Olivenöl**
**Salz**
**frisch gemahlener Pfeffer**
**1 EL gehackte Minzeblättchen**
**1 TL grüne Pfefferkörner**
**etwas Milch**
**1 Eigelb (Größe M)**
**1 EL Milch**

**TIP:**
**Die Blätterteigpäckchen als kleine Abendmahlzeit oder als Vorspeise servieren.**

Den Blätterteig abgedeckt auftauen lassen. Das Kaninchenfleisch von den Knochen lösen und in kleine Würfel schneiden (es sollten 150–175 g sein, ansonsten mit Schinken- oder Wurstresten ergänzen).

Die Champignons putzen, mit Küchenpapier abreiben, evtl. waschen, dann würfeln. Die Zwiebel abziehen, würfeln und in dem Öl andünsten. Die Champignons zugeben und 3–5 Minuten dünsten lassen, die Flüssigkeit sollte verdampft sein, erst dann mit Salz und Pfeffer würzen.

Die Minzeblättchen, Pfefferkörner und die Champignon-Zwiebel-Masse zu dem Fleisch geben. Mit 3–4 Eßlöffeln Olivensauce zu einer gebundenen Masse verrühren.

Den Blätterteig zu einem Rechteck von etwa 45 x 35 cm ausrollen. 12 Quadrate von je 11 x 11 cm ausschneiden. Den restlichen Teig in Streifen von 1/2 x 15 cm scheiden. Die Teigquadrate an den Rändern mit Milch bestreichen, die Füllung längs in die Mitte geben, die Teigränder darüber zusammenschlagen und an den Nahtstellen und Seiten festdrücken.

Die Nahtstelle nach unten legen, jeweils einen Teigstreifen um jedes Päckchen schlingen und auf ein mit kaltem Wasser abgespültes Backblech legen. Das Eigelb mit 1 EL Milch verschlagen und die Päckchen damit bestreichen. Die Oberfläche mehrmals mit einer Gabel einstechen und das Blech in den Backofen schieben.

**Ober-/Unterhitze:** etwa 220 °C (vorgeheizt)
**Heißluft:** etwa 200 °C (vorgeheizt)
**Gas:** etwa Stufe 5 (vorgeheizt)
**Backzeit:** etwa 20 Minuten.

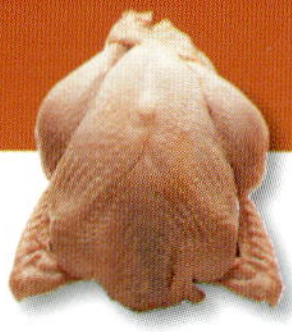

HAUPTREZEPT

(8 PORTIONEN – ODER 4 PORTIONEN BEI ZUBEREITUNG DER VARIATION)

# Putengeschnetzeltes

**1,2 kg Putenbrust**
**500 g kleine Champignons**
**2 Zwiebeln**
**2 Knoblauchzehen**
**4 EL Speiseöl**
**Salz**
**frisch gemahlener Pfeffer**
**250 ml (1/4 l) Schlagsahne**
**250–300 ml Hühnerbrühe**
**200 g Kräuterfrischkäse**
**100–150 ml Weißwein**
**1 EL Currypulver**
**nach Belieben angerührtes Weizenmehl**

Das Fleisch unter fließendem kaltem Wasser abspülen, trockentupfen und in kleine Streifen schneiden. Die Champignons putzen, waschen und in Scheiben schneiden. Die Zwiebeln und Knoblauchzehen abziehen und würfeln.

Das Öl erhitzen, die Fleischstreifen portionsweise darin anbraten, herausnehmen, mit Salz und Pfeffer bestreuen. Die Zwiebel- und Knoblauchwürfel mit den Champignonscheiben in das Bratfett geben, etwa 5 Minuten andünsten, mit Salz und Pfeffer würzen.

Das Gemüse mit der Sahne und Brühe ablöschen und aufkochen lassen. Das Fleisch, den Kräuterfrischkäse, Wein und das Currypulver unterrühren und erhitzen. Das Geschnetzelte evtl. mit angerührtem Mehl binden, mit Salz und Pfeffer abschmecken und servieren.

Für die Zubereitung des „Putengeschnetzelten mit Obst" die Hälfte des Gerichtes zurückbehalten.

**Beilage:** Bandnudeln oder Reis, Salat.

# Putengeschnetzeltes mit Obst

**1/2 Rezept Putengeschnetzeltes**
**1 Dose (240 g) Pfirsiche**
**1 1/2–2 Bananen**
**3 EL Pfirsichsaft**
**4 EL Tomaten-Ketchup**
**Currypulver**
**Salz**
**frisch gemahlener Pfeffer**
**75 g geriebener Käse, z.B. Gouda**

Das Putengeschnetzelte in eine gefettete Auflaufform geben. Die Pfirsiche abtropfen lassen, den Saft auffangen und die Pfirsiche in Spalten schneiden. Die Bananen schälen und in Scheiben schneiden.

Das Obst, den Pfirsichsaft und Tomaten-Ketchup mit dem Fleisch vorsichtig vermengen, evtl. mit Currypulver, Salz und Pfeffer würzen.

Die Auflaufzutaten mit dem Käse bestreuen und die Form auf dem Rost in den Backofen stellen.

**Ober-/Unterhitze:** etwa 200 °C (vorgeheizt)
**Heißluft:** etwa 180 °C (nicht vorgeheizt)
**Gas:** etwa Stufe 4 (vorgeheizt)
**Backzeit:** etwa 35 Minuten.

**Beilage:** Baguette, Reis oder Nudeln und Blattsalat.

(6 PORTIONEN – ODER 4 PORTIONEN BEI ZUBEREITUNG DER VARIATION)

# Gulasch

1,5 kg schieres Rindfleisch (ohne Knochen)
30 g Butterschmalz
1 kg Zwiebeln
2–3 Knoblauchzehen
Salz
frisch gemahlener Pfeffer
1 ½ EL Paprika edelsüß
Gulaschgewürz
2–3 gehäufte EL Tomatenmark
750 ml (¾ l) heißes Wasser
250 g Champignons
einige Spritzer Tabasco

Das Fleisch unter fließendem kaltem Wasser abspülen, trockentupfen und in Würfel schneiden. Das Butterschmalz erhitzen, das Fleisch von allen Seiten gut darin anbraten.

Die Zwiebeln und den Knoblauch abziehen. Die Zwiebeln halbieren, in Scheiben schneiden, den Knoblauch durchpressen und beide Zutaten mitbräunen lassen. Das Fleisch mit Salz, Pfeffer, Paprika und Gulaschgewürz würzen.

Das Tomatenmark und das heiße Wasser hinzufügen und das Fleisch in 1 ¼–1 ½ Stunden gar schmoren lassen. Die Champignons putzen, mit Küchenpapier abreiben, evtl. waschen, in Scheiben oder Viertel schneiden und etwa 15 Minuten vor Beendigung der Garzeit zugeben. Das Gulasch mit Salz, Pfeffer, Paprika und Tabasco abschmecken.

Für die Zubereitung der „Gulaschsuppe" ein Drittel des Gerichtes zurückbehalten.

**Beilage:** Salzkartoffeln oder Spätzle und ein gemischter Blattsalat.

# Gulaschsuppe

**1/3 Rezept gegartes Gulasch**
**750 ml (3/4 l) Fleischbrühe**
**2 Zwiebeln**
**400 g rote und grüne Paprikaschoten**
**3 mittelgroße Tomaten**
**Salz**
**frisch gemahlener Pfeffer**
**gerebelter Majoran**
**einige Spritzer Tabasco**

Das Gulasch mit der Fleischbrühe auffüllen. Die Zwiebeln abziehen, in Ringe schneiden. Die Paprikaschoten vierteln, entstielen, entkernen, die weißen Scheidewände entfernen, die Schoten waschen und in feine Streifen schneiden.

Die Tomaten kurze Zeit in kochendes Wasser legen (nicht kochen lassen), in kaltem Wasser abschrecken, enthäuten, die Stengelansätze herausschneiden und die Tomaten würfeln. Das Gemüse mit den Gewürzen in die Suppe geben und etwa 10 Minuten kochen lassen. Die Suppe nochmals mit Salz und den Gewürzen abschmecken und servieren.

**Beilage:** Kräftiges Bauernbrot.

(6 PORTIONEN – ODER 4 PORTIONEN BEI ZUBEREITUNG DER VARIATION)

# Schmortopf

250 g Rindfleisch
250 g Schweinefleisch
Salz
frisch gemahlener Pfeffer
250 g Rindergehacktes
250 g Mett
250 g durchwachsener Speck
250 g Zwiebeln
1 Dose (400 g) geschälte Tomaten
250 g rote Paprikaschoten
250 g grüne Paprikaschoten
250 ml (1/4 l) Zigeunersauce (Fertigprodukt)
100 ml Fleischbrühe

Das Rind- und Schweinefleisch unter fließendem kaltem Wasser abspülen, trockentupfen und in Würfel schneiden. Das Fleisch mit Salz und Pfeffer würzen und in eine große, gefettete Auflaufform oder einen Schmortopf geben.

Das Hackfleisch und Mett verkneten, mit Salz und Pfeffer abschmecken, zu kleinen Bällchen formen und in die Auflaufform geben. Den Speck in kleine Würfel schneiden, zugeben. Die Zwiebeln abziehen und fein würfeln. Die Tomaten etwas zerkleinern. Die Zwiebelwürfel, Tomaten und den Saft in die Auflaufform geben.

Die roten und grünen Paprikaschoten halbieren, entstielen, entkernen, die weißen Scheidewände entfernen. Die Schoten waschen, in Streifen schneiden und in die Auflaufform geben.

Die Zigeunersauce und die heiße Fleischbrühe zuletzt über den Schmortopf geben, alles durchmengen, abdecken und auf dem Rost in den Backofen stellen.

**Ober-/Unterhitze:** etwa 200 °C (vorgeheizt)
**Heißluft:** etwa 180 °C (nicht vorgeheizt)
**Gas:** etwa Stufe 4 (vorgeheizt)
**Garzeit:** etwa 2 Stunden.

Für die Zubereitung des „Klößchenragouts“ ein Drittel des Gerichtes zurückbehalten.

**Beilage:** Reis, Nudeln, Weißbrot oder frisches Bauernbrot und Bier.

# Klößchenragout

- 2 frische Bratwürstchen (250 g)
- 2 EL Speiseöl
- 250 ml (1/4 l) Wasser
- 1 Pck. Gulasch- oder Tomatensauce für 250 ml (1/4 l) Flüssigkeit
- 1–2 Gläser (je 190 g) Puszta-Salat
- 1/3 Rezept Schmortopf
- 125 ml (1/8 l) Schlagsahne
- 1 TL Paprika edelsüß
- Salz
- frisch gemahlener Pfeffer
- Paprika edelsüß

Die Bratwurstmasse aus dem Darm drücken und zu kleinen Kugeln formen. Das Öl in einem Topf erhitzen und die Bratwurstklößchen darin anbraten.

Das Wasser zugießen, das Saucenpulver einrühren und nach Packungsanleitung kochen, mindestens jedoch 5 Minuten.

Den Puszta-Salat auf einem Sieb abtropfen lassen und mit dem Schmortopf, der Sahne und dem Paprika zugeben. Das Ganze erhitzen und mit Salz, Pfeffer und Paprika abschmecken.

**Beilage:** Reis oder Nudeln.

(6 PORTIONEN – ODER 4 PORTIONEN BEI ZUBEREITUNG EINER VARIATION)

# Buntes Reisfleisch

**750 g Schweinefleisch**
**750 g Tomaten**
**je 1 gelbe, grüne und rote Paprikaschote (etwa 500 g)**
**375 g Zwiebeln**
**100 g durchwachsener Speck**
**3 EL Speiseöl**
**Salz**
**frisch gemahlener Pfeffer**
**3 EL Tomatenmark**
**einige Spritzer Tabasco**
**2 TL Paprika edelsüß**
**gehackte Liebstöckelblättchen**
**500 ml (1/2 l) Fleischbrühe**
**375 g Langkornreis (parboiled)**
**500 ml (1/2 l) Wasser oder Fleischbrühe**

Das Schweinefleisch unter fließendem kaltem Wasser abspülen, trockentupfen und in Würfel schneiden. Die Tomaten kurze Zeit in kochendes Wasser legen (nicht kochen lassen), in kaltem Wasser abschrecken, enthäuten, die Stengelansätze herausschneiden und die Tomaten vierteln.

Die Paprikaschoten halbieren, entstielen, entkernen, die weißen Scheidewände entfernen, die Schoten waschen und in Stücke schneiden. Die Zwiebeln abziehen und vierteln. Den Speck in kleine Würfel schneiden.

Das Öl erhitzen, den Speck darin auslassen und das Fleisch unter Wenden darin bräunen lassen. Die Zwiebelviertel und Paprikastücke hinzufügen und etwa 3 Minuten andünsten lassen. Mit Salz, Pfeffer, Tomatenmark, Tabasco, Paprika und Liebstöckelblättchen würzen.

Die Fleischbrühe hinzugießen, etwa 5 Minuten schmoren lassen. Den Langkornreis, das Wasser oder die Brühe und die Tomatenviertel hinzufügen und in 15–18 Minuten gar kochen lassen. Das Gericht evtl. nochmals abschmecken.

Für die Zubereitung der „Reisfleischpastete" oder „Reisfleischsuppe" ein Drittel des Gerichtes zurückbehalten.

## REST-LOS GLÜCKLICH 1 (4–6 PORTIONEN)

# Reisfleischpastete

225 g (5 quadratische Platten) TK-Blätterteig
4 dünne Scheiben (125 g) gekochter Schinken
⅓ Rezept Reisfleisch
2 Eier (Größe M)
1 Eiweiß (Größe M)
Salz
frisch gemahlener Pfeffer
6 Eier (Größe M)
1 Eigelb (Größe M)
1 EL Milch

Den Blätterteig abgedeckt auftauen lassen. 3 ½ der Platten aufeinanderlegen und zu einer runden Platte von etwa 30 cm ausrollen. Eine Springform (Ø 24 cm) kalt ausspülen und mit dem Blätterteig auslegen, so daß ein 3–4 cm hoher Rand entsteht.

Den gekochten Schinken so auf dem Teigboden verteilen, daß er ganz bedeckt ist. Das Reisfleisch mit den 2 Eiern und dem Eiweiß verrühren, mit Salz und Pfeffer würzen und ⅓ davon auf dem Schinken verteilen.

Die 6 Eier 5 Minuten kochen, mit kaltem Wasser übergießen, pellen und kreisförmig am Rand (Spitze nach innen) anordnen. Das restliche Reisfleisch darübergeben. Die überstehenden Teigränder auf die Füllung klappen.

Den restlichen Blätterteig etwas größer als die Springform ausrollen. Das Eigelb mit der Milch verschlagen, den Teigrand damit bestreicen, die Teigdecke ausschneiden, auflegen, andrücken und mit dem verquirltem Eigelb bestreichen.

Die Oberfläche mehrmals mit einer Gabel einstechen. Aus den Teigresten Motive ausstechen, auf die Platte legen und ebenfalls mit Eigelb bestreichen. Die Form auf dem Rost in dem Backofen schieben.

**Ober-/Unterhitze:** etwa 180 °C (vorgeheizt)
**Heißluft:** etwa 160 °C (nicht vorgeheizt)
**Gas:** etwa Stufe 3 (vorgeheizt)
**Backzeit:** etwa 1 Stunde.

Sollte die Pastete zu stark bräunen, sie mit Folie abdecken.

## REST-LOS GLÜCKLICH 2 (4 PORTIONEN – OHNE FOTO)

# Reisfleischsuppe

1 Knoblauchzehe
1 EL Butter
1 gestr. TL gemahlener Kreuzkümmel (Cumin)
1 Msp. gemahlener Koriander
150 g Champignons
150 g TK-Erbsen
etwa 1 l Fleischbrühe
⅓ Rezept Reisfleisch
Tabasco, Salz
2 geh. EL Petersilie oder Koriander

Den Knoblauch abziehen, würfeln und in der Butter andünsten. Den Kreuzkümmel und Koriander zugeben und kurz erhitzen. Die Champignons putzen, mit Küchenpapier abreiben oder waschen, in Scheiben schneiden, mit den Erbsen zugeben und andünsten.

Die Brühe zugeben, zum Kochen bringen, etwa 3 Minuten kochen lassen, dann das Reisfleisch zugeben und alles erhitzen. Die Suppe mit Tabasco und Salz abschmecken und mit Petersilie oder Koriander bestreut servieren.

## Gemüse & Beilagen



## Fleisch & Geflügel



**A**



**B**



**C**



**F**



**G**

Herausgeber: Genehmigte Lizenzausgabe für
Weltbild Verlag GmbH, Augsburg, 1999



Projektleitung: Jasmin Gromzik

Gestaltung: Kontur Design, Bielefeld

Redaktion: Annette Elges, Jasmin Gromzik, Gisela Pohlkemper

Rezeptberatung: Annette Elges

Titelfotos: Axel-Springer-Verlag, Hamburg
Fotodesign Lippert, Bielefeld
Ketchum PR, München

Innenfotos: Axel-Springer-Verlag, Hamburg
CMA, Bonn
Thomas Diercks, Hamburg
Fotostudio Büttner, Bielefeld
Fotodesign Lippert, Bielefeld
Fotostudio Toelle, Bielefeld
ipr, Hamburg
Ketchum PR, München
Kramp & Gölling, Hamburg
Herbert Maass, Hamburg
Maggi Kochstudio, Frankfurt am Main
Christiane Pries, Borgholzhausen
Michael Somoroff, Hamburg
Achim Straub, Düsseldorf
Brigitte Wegner, Bielefeld
wpr communication, Königswinter

Satz: Typografika, Bielefeld

Reproduktion: Fröbus GmbH, Köln

Herstellung: Eurolitho, Mailand



Printed in Italy

ISBN 3-89604-335-8